M-GTAモノグラフ
シリーズ
1

M-GTAによる生活場面面接研究の応用

～実践・研究・教育をつなぐ理論～

小嶋章吾・嶌末憲子＝著

ハーベスト社

M-GTA モノグラフ・シリーズの刊行によせて

　質的研究が既存の専門領域を横断する研究アプローチとして独自に領域形成したのは1990年代始め頃とされているが、以後ヒューマンサービス領域を中心に注目すべき関心の拡がりを見せ現在では定着したものとなっている。質的研究にはさまざまな個別の研究方法がありそれらを総称して質的研究法と呼ばれているが、その共通特性は、人間の複雑で多様な経験をより自然な形で表現されたものとしての質的データを用いている点にあるといえよう。

　M-GTA（修正版グラウンデッド・セオリー・アプローチ）はそのひとつであるが、1960年代に社会学者バーニー・グレーザーとアンセルム・ストラウスによって提唱されたオリジナル版GTAを抜本的に再編成し、深い解釈とシステマティックな分析による理論（説明モデル）の生成とその実践的活用を重視する質的研究法である。M-GTA研究会がわずか数名の勉強会としてスタートしたのは2000年2月であったが、約15年間の活動を経て現在では会員500名の規模に成長している。専門領域も看護・保健、社会福祉・ソーシャルワーク、介護、リハビリテーション、臨床心理・カウンセリング、学校教育・日本語教育、経営・キャリア、そして社会学など多岐にわたり、定例研究会を中心に、修論報告会、公開研究会、合同研究会、合宿などの多様なプログラムを展開している。

M-GTA は、研究会会員はもとより、それ以外の多くの研究者にも活用され、多数の研究成果が学会報告や研究論文として発表されている。会員に限っても修士論文はむろんのこと博士論文も成果が蓄積されてきており会員による著作の刊行も続いている。その一方で全体としてみれば、M-GTA の研究方法、分析方法としての理解が徹底されていない場合もみられ、また、最も重要である研究結果の実践への応用も未だ十分には拓かれていないという課題を抱えている。こうした状況に鑑み、M-GTA の分析例であると同時にその成果の実践的活用までを視野に入れたまとまった研究例の提示が必要になっている。本シリーズは M-GTA 研究会の会員による研究成果を、M-GTA に関心のある人、そして、具体的な研究成果の現場での活用に関心をもつ人の両方を読者として想定し、コンパクトなモノグラフとして刊行するものである。どちらの関心から入っても両方の理解が深まることを意図した編集としている。

2015 年 2 月
小倉啓子、水戸美津子、木下康仁
M-GTA 研究会を代表して

http://m-gta.jp/index.html

はしがき

生活場面面接研究の意義

　ソーシャルワーカーやケアマネジャーといった相談援助職にとって、面接は最も重要な援助の手段である。身体介護・生活援助・相談援助を業務の3本柱とするホームヘルパー(以下、ヘルパーと略す場合もある)などのケアワーカーの場合も、面接は重要な援助手段の1つとなっている。だが、援助手段たる面接が行なわれるのは面接室ではなく、居室や近隣等、利用者の日常生活の場面である。生活場面面接の用語はよく知られてきたが、そのプロセスや技法については必ずしも明らかになっているわけではない。

　詳細は別の機会に譲るが、筆者らが生活場面面接研究に着手した当初、相談援助職とケアワーカーとの面接場面のデータを比較したところ、ケアワーカーによるコミュニケーションの豊かさに驚かされた。そこでまず、ケアワーカーを対象とした生活場面面接研究を先行させ、次いでソーシャルワーカーの生活場面面接研究につなげていきたいと考えた。

生活場面面接としてのケアワーカーによるコミュニケーション

　だが、相談援助職の場合には、専門的な面接であることは十分に理解されているが、ケアワーカーの場合、身体介護や生活援助に付随するコミュニケーションの重要性は理解されていても、面接の担い手としてとらえられていない。ケアワーカーによるコミュニケーションも、相談援助職と同様、援助目的をもった意図的なコミュニケーションであるから、そもそも面接

である。

　筆者らは、ソーシャルワーカーとして、またヘルパーとしての実践経験を通じて、ケアワーカーによる利用者とのコミュニケーションのあり方の重要性に着目してきた。とりわけ熟練したヘルパーの場合、利用者の居宅において交わすコミュニケーションの豊かさは歴然としていた。だが、外部からの目に直接さらされないために、優れたヘルパーであっても個人技として済まされがちである。また、ヘルパーならではの利用者とのコミュニケーションのあり方が理論的に体系化されていないために、専門的な面接として正当な評価が得られていないことに強い問題意識を懐いてきた。

M-GTA による探求過程

　では、ケアワーカーによる生活場面面接の展開をどのように探求すればよいのか。当初、事例研究を試みてみたものの限界を感じ、決定的な研究方法を見い出せないでいた。ちょうどその頃、木下康仁教授により提唱されていたのが M-GTA であった。筆者らは、さっそく M-GTA 研究会の門戸を叩いた。データ提供者は、実践経験が豊かで学究的なヘルパーたちであったが、このようなモデル的なヘルパーよりデータ提供を受けたことは、M-GTAによる分析にあたって、ディテールの豊富なデータを必要としたことや、理論的サンプリングを行ううえで的確であった。

　木下も、スウェーデンのクリッパン市におけるヘルパーのナイト・パトロールに同行したときのことについて、ヘルパーが利用者の自宅への短い訪問時間の中で、利用者にとってのその日一日分の会話をしたり、ユーモアを引き出す役割を演じてい

ることを紹介しているが（木下康仁『質的研究と記述の厚み』弘文堂、2009年、202-203頁）、木下のこのような視点に励まされながら、「生活場面面接体系化のためのプロセス理論」の生成を進めて行った。

本書の構成

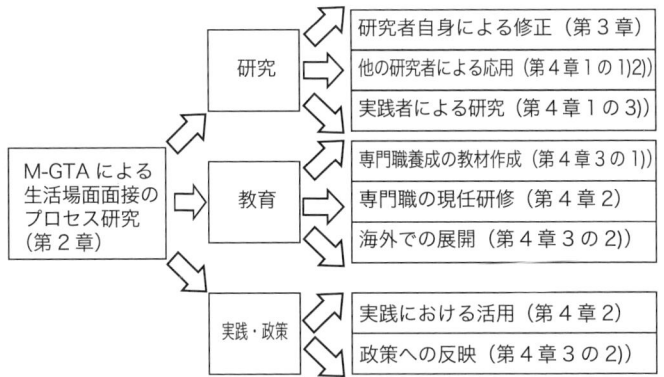

　図は、本書の全体像を示したものである。

　第1章では、M-GTAによる生活場面面接研究の以前に取り組んだ2つの事例研究をとりあげ、その成果と限界について述べる。

　第2章は、本書の中心となる内容である。「生活場面面接体系化のためのプロセス理論」の生成に至るM-GTAによる研究の全容を紹介する。

　第3章では、「生活場面面接体系化のためのプロセス理論」に対する、その後の筆者ら自身の修正の経過と内容について紹介する。

　第4章では、筆者らの研究成果が、研究面、実践面、教育

面、政策面でどのように応用され、また影響をもたらしたかについて紹介する。

「生活場面面接体系化のためのプロセス理論」の実践、教育、さらなる研究への応用

　本書は、筆者らの生活場面面接研究の全容を紹介するものではない。M-GTAを用いた研究結果である「生活場面面接体系化のためのプロセス理論」が、研究面、実践面、教育面、政策面にどのように応用ないしは反映され、さらなる研究へと発展しえたかについて紹介するものである。社会福祉研究においては、「実践の科学化」(岡本民夫)が目指されて久しい。この遠大だが、社会福祉実践にとっては焦眉の課題への一助となることを望んでやまない。

　本書では、M-GTAを用いて解明した「高齢者ホームヘルプにおける生活場面面接による利用者の『持てる力を高める』プロセス」を、簡略化して、「生活場面面接体系化のためのプロセス理論」と呼び、生成した概念を「生活場面面接プロセス概念」と呼ぶ。

　本書は、2005年に発表した論文「高齢者ホームヘルプ実践における生活場面面接の研究」をはじめ、過去に発表してきた論文等をもとに再構成したものである。

　M-GTAを用いた生活場面面接研究の過程において、筆者ら自身が生成した理論を発展的に修正していった経過は、第2章の8「M-GTAの体験的考察」や第3章で示してある。特に、生活場面面接の定義そのものの修正を図ってきたことにも着目してほしい。

目　次

M-GTA モノグラフ・シリーズの刊行によせて

(小倉啓子、水戸美津子、木下康仁) ── 4

はしがき ──────────────────── 7

第1章　M-GTA による生活場面面接研究に至るまで ── 15
　〜事例研究を中心に〜
1．問題意識 ──────────────── 15
2．研究の意義と目的 ────────────── 16
3．研究の方法と結果・考察 ──────────── 20
4．結論と今後の課題 ────────────── 27

第2章　M-GTA を用いた利用者の「持てる力を高める」
　　　　プロセスの検討────────────── 31
1．M-GTA を用いた生活場面面接研究の契機と意義 ─── 31
2．研究方法 ────────────────── 32
3．概念生成 ────────────────── 35
4．カテゴリー生成 ───────────────── 38
5．結果図及びストーリーラインの作成 ─────── 40
6．生活場面面接の定義 ──────────── 42
7．結果及び考察　〜カテゴリー別の概念及び相互関係〜 ── 42
8．M-GTA の体験的考察 ──────────── 79
9．生活場面面接の体系化に向けて ───────── 83
　〜M-GTA 活用の展望〜

11

第3章　研究者による「生活場面面接体系化のための
　　　　プロセス理論」の修正 ──────────── 87
　1．教育・研修を通じた修正 ───────────── 87
　2．「生活場面面接体系化のためのプロセス理論」の修正結果　90
　3．生活場面面接プロセス概念一覧 ─────────── 97

第4章　M-GTAを用いた生活場面面接研究の応用例 ── 103
　1．研究面への応用 ───────────────── 103
　2．実践面への応用 ───────────────── 105
　3．教育面への応用 ───────────────── 107
　4．政策面への反映 ───────────────── 111

資料　M-GTAによる研究結果の応用例
　資料1　ストレングス視点にもとづいた
　　　　在宅要支援・要介護高齢者への支援（石田好子）── 118
　資料2　特別養護老人ホームのケアワーカーが
　　　　生活場面面接が行える条件（佐藤遼）─────── 123
　資料3　利用者の自立支援を促す
　　　　サービス提供（相談援助）について（入江幸子ほか）── 128
　資料4　特別養護老人ホームにおける
　　　　生活場面面接の研修について検討（宮崎則男）── 132
　資料5　生活場面面接の現任者研修のあり方について
　　　　（協力：横塚満里）───────────── 139
　資料6　解題「連載 生活場面面接を学ぶ」───────── 158

付録　生活場面面接研究一覧 ──────────── 164

あとがき ———————————————— 167
索引 —————————————————— 173

執筆分担
　執筆は、はしがき、第1章、第4章、あとがきについては、小嶋章吾・嶌末憲子が、また、第2章、第3章については、嶌末憲子・小嶋章吾が分担した。

第1章

M-GTAによる生活場面面接研究に至るまで
―事例研究を中心に―

1．問題意識

　介護保険のもとで、居宅における高齢者の自立生活支援や介護予防が重視されており、ホームヘルプは、居宅のサービス利用者にとっては最も身近なサービスの1つとなっている。ホームヘルプの担い手であるヘルパーは、サービス利用者に対して、社会福祉の立場から身体介護、生活援助、相談援助といった3つの援助を統合的に提供するところに専門性があり、利用者の日常生活全体に対して直接的に関与できるところに特徴を有する。

　利用者の日常生活場面において、ヘルパーによる身体介護や生活援助と一体となったコミュニケーションや、コミュニケーションを通じておこなう相談援助のあり方は、ホームヘルプにとって重要である。そのことは、利用者やその家族がヘルパーに対して最も嬉しかったと思うことは、「ヘルパーの訪問そのもの」や「話し相手や相談に関すること」が上位であるという調査結果が示している[1]。逆に、介護保険に関する苦情調査では、訪問介護に関する問題が上位を占めている[2]という結果もまた、ヘルパーの利用者やその家族に対するに対するコミュニケーションや相談援助のあり方の重要性を示唆している。

だが、ヘルパーの業務は、家庭訪問の限られた時間のなかで身体介護や生活援助が中心とならざるを得ない。したがって、ヘルパーによるコミュニケーションは身体介護や生活援助をしながらおこなう場合がほとんどであり、身体介護や生活援助にともなう言葉かけにすぎないものと考えられがちである。ましてや相談援助は、ホームヘルプの合間におこなわざるを得ず、せいぜい相談を受けて、他の専門職、特に相談援助職へつなぐにすぎないものと考えられがちである。そのためホームヘルパーによる利用者とのコミュニケーションや相談援助は非専門的とみなされそのプロセスや効果が正当に評価されにくい。さらに相談援助と言えば、往々にしてかしこまった面接を通じてなされるものと考えられているから、ヘルパーの専門性はいきおい身体介護と生活援助に矮小化され、相談援助は業務の埒外に置かれてしまう[3]。このことは、介護保険のもとで、ヘルパーの業務の効率化が強調されればされるほど、身体介護、生活援助、相談援助といった3つの援助を統合的に提供することが困難になることを意味している。

　一方、このような制約のもとであっても、ヘルパーの優れたコミュニケーションや相談援助あり方が、サービス利用者やその家族のエンパワーメントを高めていることに着目したい。

2．研究の意義と目的

1）研究の意義

　確かに従来、ヘルパーによる優れたコミュニケーションや相談援助の実践事例が蓄積され、それに基づく理論化が試みられてきた[4)5)6)7)8)]。また、ヘルパーによる利用者に対する言葉か

けによる効果研究[9]、コミュニケーションや相談援助に着目した研究[10][11][12]も見られ、ヘルパーによる利用者やその家族とのコミュニケーションや相談援助の重要性や有用性が確認されている。このようなヘルパーならではのコミュニケーションや相談援助のあり方を解明することは、ヘルパーの専門性の確立に貢献できるものと思われる。

　ヘルパーによるコミュニケーションが、利用者の日常生活場面において、身体介護や生活援助とともに、あるいはその合間に展開されという特徴を有する面接である点に着目し、そのあり方を解明するうえで、"生活場面面接"の概念で説明することが有用であると考えた。生活場面面接の概念の検討や生活場面面接に関する先行研究のレビューの詳細は別の機会に譲るが[13]、筆者らは、居宅の高齢者に対するヘルパーこそ生活場面面接の豊かな展開があると体験的に考えていた。

　なお、筆者らがM-GTAを用いた研究に取り組む以前には、久保による「狭義にはレドル(Redl, F.)によって、1950年代に提唱された面接技法を指している。広義には、面接室以外の利用者の生活場面での面接や構造化されていない面接まで含めた面接の一形態をみなすものである。」[14]という定義を紹介していた。だが、生活場面面接の内実についても説明する必要があると考え、明確に定義として提唱したわけではないが、ソーシャルワーカー向けのテキストでは、「日常生活場面にかかわるソーシャルワーカーによって、クライエントとその環境およびそれらの関係性に焦点をあてて、その時・その場で行なわれるところに特徴がある」[15]と説明し、また、ホームヘルパー向けのテキストでは、「利用者の日常生活の場で、立ち話や雑談などのふだんのコミュニケーションを通じて援助を行なおうと

する面接のあり方で、利用者の何気ない言動や生活背景から利用者のニーズや状況の理解を深めたり、その時・その場に適した援助に結びつけることを意図している」[16]と説明していた。

ここでヘルパーによる生活場面面接の実際を紹介する。筆者の一人がヘルパーとして、意図的に生活場面面接を実践した事例である。

【概要】Xさん、65歳の女性。全面介護の状態、ほとんど発語なく叫び声や痛いと訴える程度。夫と2人暮らし。夫のきつい言葉や介護時に軽く手が出るなどの虐待がみられる。

　ホームヘルパーは援助目標として、Xさんの自己表現の促進や意欲の向上を掲げていた。

　まったく感情表出や意思表示のなかったXさんであるが、清拭介護時にXさんの興味のありそうな話題についていくつか聞いてみた。「デイサービスの様子はどうですか？」と問いかけた(a, c)ところ、ホームヘルパーはわずかながらXさんの表情が和らぐことに気づいた(b, d, e)。デイサービスセンターから誕生日カードが送られてきていたのに、夫は「どうせおまえなんか見てもわからないと思ってだまっていたんだけど」とばつが悪そうだった。ホームヘルパーは「Xさんと一緒に見たいです」と促すとすぐにもってきたので、カードを見ながらデイサービスの様子を少し話し、「デイサービスセンターのみなさんはXさんを大切に思っているんですね」と話しかけた(c, d)。Xさんの顔が思わずほころび、握っていたXさんの手に少し力が入ったことを感じた。またXさんの目が少し潤

> んできた(b)。
>
> 　それを見て、夫は「こいつが笑ったり泣いたりするなんて、何を言ってもわかんないと思っていたのに……」と嬉しそうに話す。ホームヘルパーが「Xさんはいろいろとわかっていらっしゃって、ご主人と話されたかったのかもしれませんね」と言うと、普段は怖い顔をしている夫の目も潤んできた。ホームヘルパーは退出時、「Xさんの笑顔がすてきだったので感動しました。私も元気がでました」と、手紙を見せてくれた<u>夫に感謝し、その行為を賞賛した(c)</u>。夫がXさんに「ヘルパーさんに手を振らないの?」と勧めたところ、普段はほとんど動作のないXさんだが手を振り上げた。ホームヘルパーはXさんと夫に見送られながら、「<u>Xさんには手紙がいいみたいですね。何かあったら私もXさんに今日のような笑顔を見せてもらえるよう頑張りますから</u>」と挨拶(b)しながら退出した。

　このような短時間においても、随所に生活場面面接の特徴を認めることができるが、一事例だけで、ヘルパーによる生活場面面接の力動的な展開のありようを解明することは難しい。

　なお、アンダーラインに付している記号（a～e）は、次節3の1）で紹介するようなケアワーク面接の特徴である。

2）研究の目的

　研究目的は、直接的にはホームヘルプにおける生活場面面接の力動的な展開のありよう解明することである。研究の成果は、居宅高齢者のエンパワメントやQOLの向上に有効なホームヘルプの専門性の明確化やその正当な評価を得られることを

期待するものである。

　以下、2つの事例研究を紹介する。1つは場面に着目した事例研究であり、もう1つはプロセスに着目した事例研究である。

3. 研究の方法と結果・考察

1) 場面に着目した事例研究

　ホームヘルパーや施設の介護職員は総称してケアワーカーと呼ばれる。そこで、ケアワーカーによる面接を「ケアワーク面接」と呼ぶこととした。その意図は、ソーシャルワーカーやケアマネジャーといった相談援助職とは異なるケアワーカーによる面接を特徴づけたいと考えたからである。ケアワーク面接の場合、施設であれ家庭であれ、常に利用者の日常生活場面において行なわれるから、ケアワーク面接は、換言すればケアワーカーのおこなう生活場面面接であるということができる。先行研究をもとに、表に示すような「ケアワーク面接の特徴」(a～e) を仮説的に5点に整理した[17]。

表 ケアワーク面接の特徴

a) 生活の継続性と利用者との協働
　利用者との日常生活の継続性のなかで、随時ケアを提供しながら、あるいは利用者との協働において共感性のあるコミュニケーション(言語的及び非言語的)を介して行われる。
b) 信頼関係と肯定的感情の醸成

信頼関係を前提として行うとともに、信頼関係を維持し発展させ、喜び・楽しみ・快適性・満足感・幸福感・連帯感・安心感・生きている実感など、肯定的な感情の醸成に役立つ。
c) 明確な援助目標
　さまざまな側面の悪化や低下の予防、自己表現や自己決定を促す、利用者の意欲の向上、ADLの拡大、エンパワメント、生活の再構築、家族関係の改善などを通じて、QOLの向上、自立、自己実現などの援助目標を実現するという明確な意図をもつ。
d) 個別的援助と他職種との協働
　他職種と連携しながら、利用者に対してニーズや状況把握、アセスメント、ケア計画、ケアの提供、モニタリングなど一連の援助を提供する。
e) 援助の統合性
　身体介護、生活援助、相談援助、その他の援助（福祉レクリエーションや生活リハビリテーションなど）といった統合的援助の基盤となる。

　以上のような「ケアワーク面接の特徴」(a～e) を、ヘルパーの実践事例に適用してみた。研究対象とした事例は、面接技術について一定の教育訓練または実務経験を有していると考えられるヘルパー (ホームヘルパー1級研修修了者または介護福祉士の有資格者) 61人に対するアンケート調査を実施し、「利用者にとって良い影響を与えたと思われる事例」として収集したものである。ここでとりあげる事例はすべて身体介護や生活援助をしながらの事例である。

下線のうち実線は、「ケアワーク面接の特徴」が見られる部分を示しており、それに続く括弧書きは、生活場面面接の技法として表現したものである。波線は、援助効果を示したもので、それに続く括弧書きでその効果内容を示している。

a)「生活の継続性と利用者との協働」という特徴を示す事例

> 　以下（b, c, d）の下線（実線）の「何度か」「繰り返して」「ゆっくりと」「折にふれて」というような表現に見られるように、利用者の日常生活の継続性のなかで、ケアを提供し協働しながら適宜適切な言語的・非言語的なコミュニケーションを通して援助を組み立てていることがわかる。
> 　以下、下線（波線）に見られる援助効果を丸括弧（ ）で示した。

b)「信頼関係と肯定的感情の醸成」という特徴を示す事例

- 利用者の関心事を話題（関心事への着目）にして以来、好意的になってきた。
- 利用者の訴えへの傾聴・受容が何度か繰り返されるうちに、信頼関係をもってもらえた（信頼関係形成）。
- 背中のかゆみを訴える利用者に、毎回背中をさすりながら昔話を聞くうちに（回想法の活用）、当初見せてくれなかったオムツの汚れなども見せてくれるようになり、訪問を待っていてくれるようにいなった（信頼関係形成）。
- 訪問のたびに話を傾聴するうちに、心を開いて明るくなっていった（肯定的感情の醸成）。

c)「明確な援助目標」をもつという特徴を示す事例

- 寝たきり状態だった利用者が、離床のメリットを話しながら（生活目標の示唆）少しずつ起こす方向にもっていくうちに、車いすに乗ることができるようになり（ADLの拡大）、テーブルで温かいコーヒーを飲むことができるようになった（快適性、楽しみ）。
- 通所入浴や他人との交流に不安だったが、話をしていくうちに、行ってみようということになった（意欲の向上）。
- 介護者が利用者につらく当たる場面があり、双方の話をゆっくり聞くうちに、介護者の対応も少しずつ良くなっていった（家族関係の改善）。
- 介護者の思いに傾聴するうちに、介護の大変さを理解してくれる人がいて頑張れると（おっしゃるようになった）（家族介護者への支援）。

d)「個別的援助と他職種との協働」という特徴を示す事例

- 家族介護者と話をしていくなかで、服薬が多いことに疑問を感じ（ニーズや状況把握）、チームと相談しながら（他職種との協働）、転院に至った。

e)「援助の統合性」を示す事例

　a)〜d)では提示できなかった援助の統合性を示す事例をとりあげる。この事例は、アンケート調査による回答者の一人からインタビューにより聴取した事例をまとめたものである。

【概要】Yさん、70歳の女性。次男夫婦と同居しており、主介護者は嫁。難病により両下肢が不自由で、ベッド上の生活を余儀なくされている。ショートステイを定期的に利用している。家族介護は食事の配膳、オムツ交換、整容などに限られており、訪問看護を受けている。ホームヘルパーは、身体介護と生活援助を担当していた。Yさんは穏やかだが寡黙で意思を把握し理解することが困難であった。身体介護に強い抵抗感があり、とくにオムツ交換には強い拒否がみられた。自己表現を促進することによって利用者の思いを理解する必要があった。家族はYさんへの共感的な関わりは乏しいが、Yさんのような自己表現が拡大するにつれて共感を示すようになった。

　ホームヘルパーの援助方針は、①難病のため身体介護時に最新の注意を払い、異常の早期発見に努める、②利用者の自己表現を促し、信頼関係を形成する、③気分転換を図る、などである。

　ホームヘルパーは、身体介護として洗髪、清拭、移動、排泄などの援助を実施し、異常を発見した時には家族から訪問介護員に相談してもらった。生活援助として洗濯、居室内掃除を実施した。また、ソーシャルワーカーとの協働により車椅子を導入し屋内散歩の援助を行った。Yさんは普段寡黙であったが、ある時「施設に入った時は、歌を歌うのが楽しいのよ」という訴えを聞いて、「何か好きな歌がありますか」と質問したところ、Yさんの方から歌い始めた。ホームヘルプをしながら一緒にうたうようになったことが契機となって、座位保持や屋内散歩の時間が増え、自

己表現や表情が豊かになっていった。また、心を通じ合わせ信頼関係を育むことができ、拒否的だったオムツ交換を受け入れてくれるようになった。

　Yさんは家族内での疎外感から自己表現が乏しくオムツ交換など必要な身体介護に対しても拒否感が強かった。ホームヘルパーは、利用者の趣味や関心に着目し、音楽を活用したレクリエーションを取り入れることによって身体介護の受け入れを促し、また生活援助の面でも家族との協働を図ることによって家族関係を改善し、利用者の精神面での活性化につなげた。ホームヘルパーのチーム間では音楽を活用するという援助計画を共有し、看護師やソーシャルワーカーとの連携を図りながら予防的援助や社会資源の活用を進めている。

　このように、生活場面面接の技法として、関心事への着目、回想法を活用した傾聴、生活目標の示唆、自己開示ともなう共感、代弁などと表示してみたものの、これらは従来のソーシャルワークやケアワークにおける既成の技法で表現したにすぎなかった。

　ホームヘルパーと利用者との相互作用において展開される生活場面面接の技法を表現するには静態的すぎ、生活場面面接の技法の具体的場面での動態的な展開を表現することは困難であった。

2）プロセスに着目した事例研究

　そこで、事例全体のプロセスをとらえるような事例研究が求められた。次の図は、認知症の独居高齢者に対する生活援助を

中心とした事例全体のプロセスを図示したものである。

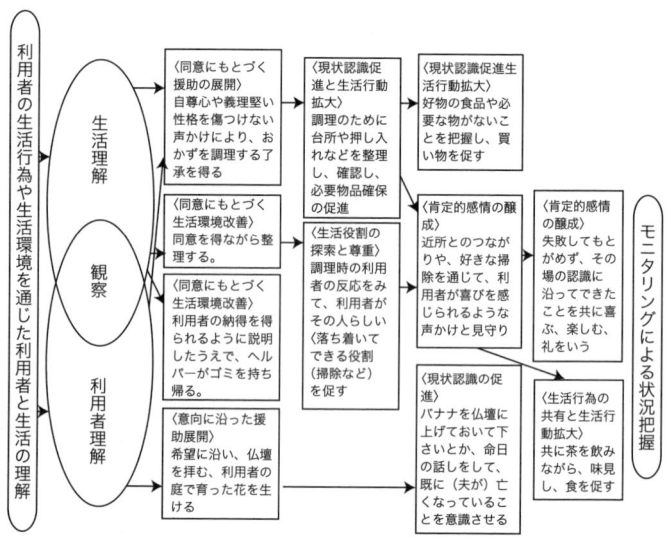

図　事例をもとにした生活場面面接のプロセス

　もともと一般化を意図した事例研究ではないため、一事例という極めて限定的ではあるが、図中の＜＞内のように、事例の展開に沿って、生活場面面接のプロセスを図示することができた。なおこの事例研究は、第2章で紹介するM-GTAを用いた研究とほぼ並行してとりくんだものであるため、類似の概念が一部に見られる。

　以上紹介したような、2つの事例研究の最大の限界は、生活場面面接ならでは動態的な展開を、一定の普遍性をもって提示することができなかったことである。前者の場合、生活場面面接の豊かさを既成の概念で説明することはできたが、その力動性を表現することはできなかった。後者の場合、一定の力動性を表現することはできたが、一事例限りの特殊な概念で説明す

ることにとどまった。生活場面面接の解明には、力動性を表現することと、一定の普遍性をもって提示することとを両立させる研究が求められた。

4．結論と今後の課題

1）生活場面面接の意義の確認
　前節で紹介したような2つの事例研究からは、生活場面面接の解明には至らなかったものの、ヘルパーによるコミュニケーションは、第1に身体介護や生活援助と不可分であること、第2に生活場面面接として展開されていること、第3に利用者の持てる力（ストレングス）のエンパワーメントにつながっていることをあらためて確認することができた。

2）生活場面面接の理論と方法の体系化
　生活場面面接の重要性は認識されてきているが、レドル(Redl, F.)が提唱した古典的なモデルとは異なり、現代のわが国で求められる居宅高齢者の生活支援の方法として、生活場面面接の理論と方法を体系化することを、引き続き研究課題とすることにした。

3）新たな研究法との出会い
　冒頭に述べたような問題意識をもとに、事例研究法の採用により一定の研究成果を得ることができたが、同時に限界も明らかになった。筆者らの研究課題に適した研究法を探していた時に出会ったのがM-GTAであった。

注
1) 長寿社会開発センター、要介護認定を受けた在宅高齢者の介護環境に関する実態調査報告書、2002年、282頁。
2) 東京都国民健康保険団体連合会編、東京都における介護サービスの苦情相談白書、2004年、16-27頁。
3) 介護保険においても身体介護や生活援助は介護報酬の対象となっているものの、相談援助は対象外となっていることにも示されている。
4) 石毛瑛子・大橋好子・須加美明ほか、新・ホームヘルパーのためのガイドブック、誠信書房、1999年。
5) 世田谷対人援助研究会編、ホームヘルプにおける援助「拒否」と援助展開を考える、筒井書房、1999年。
6) ホームヘルパー資質向上のための研究会(代表 柴田範子)、小嶋章吾・鳶末憲子・渡辺道代・森山千賀子・滝波順子・上之園佳子ほか編、訪問介護における専門性の明確化と現任研修プログラム開発に関する研究、上智社会福祉専門学校柴田研究室、2003年。
7) 鳥羽信行・森山千賀子、ホームヘルパーのための対人援助技術〜共感的理解と関係性をきずくために、萌文社、2003年。
8) 石田一紀、介護における共感と人間理解、萌文社、2002年。
9) 武村真治・橋本迪生・古谷野亘ほか、介護サービスが高齢者に及ぼす効果に関する介入研究〜特別養護老人ホームにおける「声かけ」の効果の検証、老年社会科学、21(1)、1999年、15-25頁。
10) 國光登志子、相談・助言ハンドブック(ホームヘルパー現任研修テキストシリーズ4)、日本医療企画、2002年。
11) 是枝祥子、コミュニケーションハンドブック、(ホームヘルパー現任研修テキストシリーズ5)、2002年。
12) 井上深幸・趙敏廷・谷口敏代ほか、対人援助の基本と面接技術、日総研、2004年。
13) 小嶋章吾、生活場面接の意義と技法、日本社会福祉士会編、新社会福祉援助の共通基盤(上)[第2版]、2009年、271-275頁。
14) 久保紘章、生活場面面接、加茂陽・中谷隆・木原活信他編、福祉(重要用語300の基礎知識)、明治図書、2000年、246頁。
15) 小嶋章吾、同前書。
16) 小嶋章吾・鳶末憲子、相談援助の方法、ホームヘルパー養成研修

テキスト作成委員会編、生活援助・相談援助・関連領域（2005年改訂版）、長寿社会開発センター、2005年、93-115頁。
17) 小嶋章吾・嶌末憲子、ケアワークにおける生活場面面接に関する一考察〜介護保険下のホームヘルプにおける「ケアワーク面接」、介護福祉学、7(1)、2000年、29頁。

第2章
M-GTAを用いた利用者の「持てる力を高める」プロセスの検討

1．M-GTAを用いた生活場面面接研究の契機と意義

　M-GTAにより生成する理論（グラウンデッド・セオリー）の特徴は、第1に、「社会的相互作用に関係し人間行動の説明と予測に関わり、同時に、研究者によってその意義が確認されている研究テーマによって限定された範囲内における説明力にすぐれた理論」であり、第2に、「実践的活用のための理論」という点にある[1]。

　論文の発表にとどまるならば、M-GTAによって生成したグラウンデッド・セオリーのもつ説明力や予測力の有効性は検証できないだろう。この点、木下はM-GTAによる「研究結果がそこからさらに現実の場面に引き継がれて試される、つまり応用されることが検証にもなるというプロセスに位置づけられる」[2]と述べているように、M-GTAが「実践の理論化」をめざす研究方法である点は、筆者らの研究にとって極めて魅力的なものであった。だが、「応用が検証になるというこのプロセスは、現状ではまだ実現されているとは言いがたい。……研究結果が論文として発表されるところでとどまっている」[3]とも指摘している。そこから木下は、「ひとつの研究結果が実践現場に引き継がれていく」[4]という、「そこまで広がらないと、

M-GTAは存在価値がないと言っても過言ではない」[5]と強調し、同時に「ヒューマン・サービスの領域は実践を抜きには成り立たないという強みを持っているわけで、研究者と実務者が協働してこの課題に取り組んでいってもらいたいと期待」[6]を表明している。筆者らの研究はこのような期待に大いに励まされてきた。

2．研究方法

1）M-GTA採用の意義

ホームヘルプにおける生活場面面接のプロセスを検討するには、ホームヘルパーによる相談援助と利用者の相互変化の関係をみていく必要がある。そこで研究方法として採用したのがM-GTAである。

GTAとは、もともと1960年代にグレイサー（Glaser, B.G.）とストラウス（Strauss, A.L.）によって考案され、データに密着した分析から独自の理論を生成するための質的研究法である。また、M-GTAとは、木下がGTAを実践的に活用できるよう修正を加えたものである[7]。研究方法として、M-GTAを用いた理由は、それが直接的援助行為を内容とし、対面的な社会的相互作用の形態を特徴とする領域において、実践を理論化するための研究方法として優れており、本研究テーマに最適であると考えたからである。ただしM-GTAは、限定された範囲内での説明力にすぐれているが、ホームヘルプにおける生活場面面接に焦点化した本研究は、他の介入技法を含めた援助展開の全体を分析の対象としていない点を断わっておく。

2）分析対象とデータ収集

　調査方法は、2001年6月～2002年3月、東京・神奈川・千葉の現任のホームヘルパーまたはサービス提供責任者など、相談援助を実践している7人に協力を求めて、事前に「ホームヘルプにおける言葉かけやコミュニケーションが、利用者の身体面・精神面・生活面によい変化をもたらしたと考えられる場面」を振り返ってもらうよう依頼した。1時間半～2時間半の半構造的面接を実施し、調査対象者の了解を得てインタビュー内容の逐語記録を作成し分析対象とした。

　その後、M-GTAによる理論的飽和化のため、2003年6月～8月に協働実践研究[8]に参加した3人のホームヘルパーへのインタビューの逐語記録について、いずれも調査対象者の了解を得て分析対象に加えた。分析対象を追加したのは、よい変化をもたらした場面に関するデータに加えて、対極例や困難場面についてより詳細なデータが必要と考えたからである。結果図がほぼ完成した時点で、M-GTA研究会の公開研究会や生活場面面接に関する研修会、専門雑誌[9][10]などで紹介する機会を得て、現場からの意見を求めた。さらに結果図の妥当性は、すでに公表されていたホームヘルプの専門性研究による会話場面[11]やホームヘルプ実践の教材用ビデオ[12]を用いて確認した。

3）分析方法

　M-GTAでは、分析テーマと分析焦点者を設定する。分析テーマとは、データと密着した分析のために研究テーマから導き出したものであり、分析テーマの設定とはgrounded on dataの分析がしやすいところまで絞り込んだものである[13]。本研究では、「ホームヘルパーによる生活場面面接が利用者の

『持てる力を高める』プロセス」とした。

　次に、分析焦点者とは、分析結果の中心に位置する人間で、分析焦点者の設定とは特定の人間に焦点をおいたデータの解釈を意味する[14]。筆者らの関心は、利用者・家族と援助者であるホームヘルパーとの相互作用における生活場面面接のプロセスの明確化であるため、ホームヘルパーを分析焦点者とした。

　また筆者らの関心は、レドル (Redl, F.) が提唱した古典的な Life-Space Interview の概念をホームヘルプ実践へ適用することではなく、わが国のソーシャルワーク研究の一環として取り上げられてきた生活場面面接の概念をケアワークの一領域であるホームヘルプ実践への適用の検討である。そこで、ソーシャルワークを理解しているケアワーカーの視点とケアワークを理解しているソーシャルワーカーの視点の両方が重要であると考え、各々の立場よりデータ収集の段階から概念生成とカテゴリー生成、最終的な結果図の方向性を見定めるまでの段階を共同で検討しながら行った。理論的飽和化及びストーリーラインの作成や最終的な確認、実践者から意見を伺う段階では、分析焦点者がホームヘルパーであることからケアワークを専攻する者が主に行った。

　次項以降では、最初に作成した概念が修正された過程と関連する概念の生成について説明する。さらに多くのホームヘルパーが重要・目標と認識していたカテゴリーを作成する頃に全体の動きが見え始め、コアカテゴリーを見出していった過程を確認する。

3．概念生成

　本研究では、相談援助におけるホームヘルパーと利用者との相互作用のプロセスを検討するために、概念生成や定義づけには、利用者の状態や利用者との関係、働きかけの結果の方向性を示すことができるよう留意した。

　最初の概念生成は、M-GTAの方法論に従い、分析ワークシートを作成し、スーパービジョンを受けながら行った。まず、最初に分析対象としたのは、インタビューを行った7人の中から、分析テーマに即していると考えられたAヘルパーと、最も多くのバリエーションを含んでいると思われたBヘルパーによる、ある援助場面のデータであった。概念名や定義を検討する過程は、筆者らにとってその概念がデータから一定の距離を保つという基準の確認、その現象に対して表現される幅や深さへの合意、分析テーマのプロセス性を意識して生成することなどを共有する体験であった。その後の概念生成時に迷った場合なども、繰り返し最初の概念生成過程に立ち戻った。このように、第一段階として最も作成しやすい場面から1つの概念を生成し、第二段階として多くのバリエーションを含むデータを分析していった。

　以下、概念生成例として、《喜楽の醸成と瞬間呼応》と《安定に導く苦悩への寄り添い》という2つの概念をとりあげる。

　まず、《喜楽の醸成と瞬間呼応》の分析ワークシート（例示1）を参照されたい。この概念は、スーパーバイザーの指導を受けながら生成した最初の段階では、排便を促す行為を行った場面から《喜びの瞬間呼応》としたが、利用者の楽しみや心地

よさ、感動などを含むバリエーションにより《喜楽への瞬間呼応》と修正した。さらに、ホームヘルパー指導者研修などで意見を伺ったり、査読を受けたことにより、他のカテゴリー【知覚（感覚・記憶）の活性化】などにある概念のバリエーションとして捉えていたデータを再度見直す中で、継続的比較分析を行なった結果、さらに《喜楽の醸成と瞬間呼応》へと修正をするに至った。

例示1 分析ワークシート：概念《喜楽の醸成と瞬間呼応》

概念	喜楽の醸成と瞬間呼応
定義	利用者が喜びや楽しみなどの感情を醸成するとともに、それを表現した際、呼応するように共感を示すこと
バリエーション	●今までオムツにウンチしていたのが、「出たい気ションがする」と言って、トイレに行ってポトンと音がすれば、「あっ、出た！良かったね〜」と言って、オムツ外しの方向にもっていけますし… ●散歩に連れ出して、利用者が「あぁ、この花きれい」って言う。それは、自分自身が感じていることを思わず口に出したっていうことだけど、そのままだとあまり意識化されない。それをヘルパーが捉えて「あぁ、この花きれいだね」っていう風に言ってあげる。 ●生活リハビリとして新聞紙でゴミ入れを作ってもらったところ、満足そうに「器用だったんだ。あげるよ」って、「すごいねー。便利ねー使えるね」ってお礼を言って、もらったんです。そしたら、次の時にはいくつも作ってくれていました。 ●「けっこう幸せな人生だったな」って穏やかな表情になった時には、「幸せだったんだねって大きく頷いたりするよね」・・・。
理論的メモ	利用者にとっては、思いがけないヘルパーの反応だが、ウンチが出たことの喜びがいっそう強まり、食欲増進や下剤が不要になるなどの身体的改善が促進されたと考えられる。利用者の心理面・身体面・生活面等における楽しみや願い、ADLの向上、居住環境の改善等に伴う喜び等を即座に感じ取ることができる。悲しみや不安への受容・傾聴などはどうするのか。苦悩への働きかけを含む対極例とするのか、別の概念を生成する方がよいのか。

―― 第2章　M-GTAを用いた利用者の「持てる力を高める」プロセスの検討

　次に、苦悩への働きかけを含む対極例を検討した際、ホームヘルパーの働きかけや利用者の状態、その後の展開に差異が見られたことから、新たに《安定に導く苦悩への寄り添い》を生成した（例示2）。

　《安定に導く苦悩への寄り添い》に例示したバリエーションは、配偶者を亡くした妻が死をほのめかす中での場面であるが、他に利用者が人生を振り返る場面や、利用者から家族との関係を打ち明けられる場面などが得られ、さらに《喜楽の醸成と瞬間呼応》へと繋がる動きが見られた。

例示2　分析ワークシート：概念《安定に導く苦悩への寄り添い》

概念	安定に導く苦悩への寄り添い
定義	苦悩の状態をあるがままに受容したり、寄り添って現実を共有することで利用者の心理的安定を図ること
バリエーション	●ドアのノブにロープがかかっていたんですよ。その時に、ロープのことには触れないで、世間話をしたり、「そうだね、そんなに大変なんだね」とうなずくだけで、前向きに食事も摂っていただけるようになったし・・・。 ●共感的にうなずき、落ち着いた環境をつくることで、利用者は落ち着いていった。意識的な働きかけがないと過去だけを振り返る。そこから先が大事で、『一緒に買い物に行ってみない?』等、その人らしい方向性を考えながら次につなげていかなければいけない。 ●ストレスがある人っていうのは家庭がひどいからずっと聞いていると、時間をかけているとこっちがわかってくる。そうしたら、楽になれる言葉をかけることができる。 ●（重度の難聴者）そんなに深刻ではないかもしれないけど気にしている。愚痴みたいなことを誰かに言いたい。言ったら気が済むような内容の話しがでてくるようになった。 ●行くと沈んでいるからご主人と上手くいかないのかなというのが分かるんです。ワンワン泣かれて、そういう時は私も一緒に泣きそうな顔して抱きかかえて「生きてて良かったってご主人はすごく言ってたんだから・・・」って。
理論的メモ	「死にたい」という訴えなどの苦悩の表明やサインに対して、敢えて真正面から触れず、寄り添い受容的環境をつくることに徹することが重要か。また、それらを出発点としながら、その人らしい生き方を促すことにつなげている。

以上のことから、《喜楽の醸成と瞬間呼応》と《安定に導く苦悩への寄り添い》という概念間には、後者から前者へ向かうプロセスを把握できた。

4．カテゴリー生成

　次いで、概念からカテゴリーをどのように生成したかについて、【肯定的感情の醸成】と【行動への働きかけ】という2つのカテゴリー生成例をとりあげ説明する。
　《喜楽の醸成と瞬間呼応》と《安定に導く苦悩への寄り添い》という概念間の関係が見え、後に他のカテゴリーに位置づけられることになる概念が明確になった頃、2つの概念はいずれもカテゴリーとしての【肯定的感情の醸成】に位置付けることにした（例示3）。そして【行動への働きかけ】や他の利用者自身の側面への働きかけとの関係や動きが見えてきた。

例示3　カテゴリー生成例(1)：【肯定的感情の醸成】

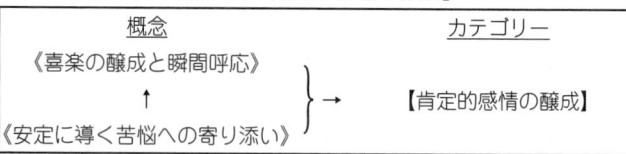

```
        概念                            カテゴリー
  《喜楽の醸成と瞬間呼応》
          ↑              ┃
                         ┣→  【肯定的感情の醸成】
 《安定に導く苦悩への寄り添い》 ┛
```

　《喜楽の醸成と瞬間呼応》と《安定に導く苦悩への寄り添い》という2つの概念の作成後、これらの関係を見たとき、苦悩への働きかけが、利用者の喜楽への働きかけに先行していることが多くみられた。これら2つの概念は、いずれも【肯定的感情の醸成】に結びついていると解釈し、これをカテゴリー名とした。また、【行動への働きかけ】や他の利用者自身の側面への働きかけへのカテゴリーへと展開していくことが多く、ある一定の段階では交互作用により、利用者の力は高まっていくことが示されていた。

ホームヘルパー自らが目標として語ったり、効果を実感できる概念として得られた《その気にさせる体験づくり》、《世界を拡げる自己表現の促し》、《見守りながらの促し・習慣化》は、それらのバリエーションや理論的メモから、例示4が示すような概念間の関係性と行動への働きかけの展開を確認し、カテゴリー【行動への働きかけ】とすることにより、利用者の【持てる力を高める】流れを生むといった全体の動きが見えはじめた。

例示4　カテゴリー生成例(2)：【行動への働きかけ】

概念	カテゴリー
《その気にさせる体験づくり》 《世界を拡げる自己表現の促し》　→ 《見守りながらの促し・習慣化》	【行動への働きかけ】

《世界を拡げる自己表現の促し》とは、利用者との多様な関わり場面をとらえ、利用者の感情や関心を拡げたり、新たな体験につながるような自己表現の機会を促していくことであり、《見守りながらの促し・習慣化》とは、援助目標に沿って利用者の生活行為を見守りながら共に行うなどするなかで、主体的な生活行動を可能にさせ習慣化を図っていくことである。《その気にさせる体験づくり》とともに、これら3つの概念は、上図の→のような関係・プロセスにより、利用者の【行動への働きかけ】を効果的に展開していくと考えられた。

　以上のような概念とカテゴリーを生成していくことを通じて、【持てる力を高める】というコアカテゴリーを生成するに至った。コアカテゴリーには、《肯定的交互作用の流れづくり》という概念があり、「利用者の否定的側面の軽減、行動や感情・知覚・価値観等の肯定化への方向性を模索し、その時その場でその流れを作っていくこと」と定義づけた。

　ホームヘルパーは利用者の自立を促す援助展開において、とりわけ利用者の持てる力を高めることを援助目標とし念頭においている。利用者が持てる力を高めていく交互作用は複雑であ

るが、利用者自身の意欲や意思、価値観、日常生活行為における支障、喪失体験などから自己表現すること自体が難しい場合もあるため、ホームヘルパーと利用者との相互関係の流れのなかで展開される相談援助が重要である。《肯定的交互作用の流れづくり》には、持てる力を高めていくことをめざす循環を生み出すという意味を含めている。

5．結果図及びストーリーラインの作成

　ここで、結果図を示し、ストーリーラインについて説明する。

1）結果図

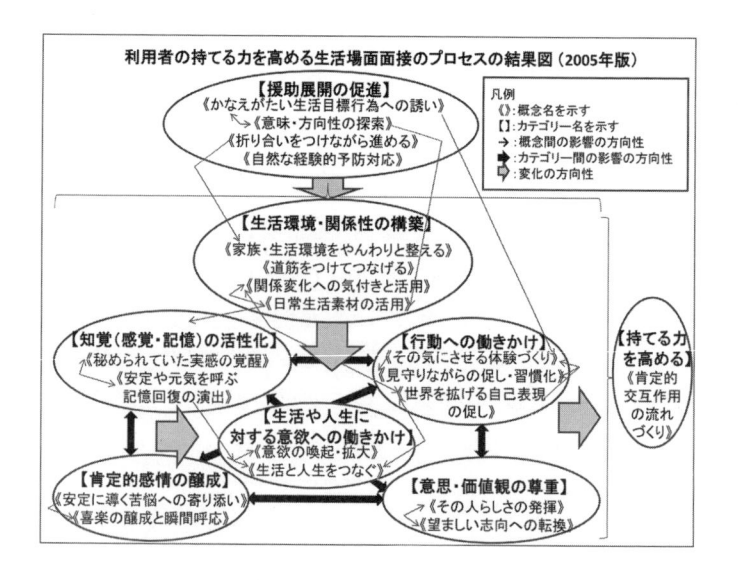

利用者の持てる力を高める生活場面面接のプロセスの結果図（2005年版）

凡例
《 》：概念名を示す
【 】：カテゴリー名を示す
→：概念間の影響の方向性
⇒：カテゴリー間の影響の方向性
⇨：変化の方向性

【援助展開の促進】
《かなえがたい生活目標行為への誘い》
《意味・方向性の探索》
《折り合いをつけながら進める》
《自然な経験的予防対応》

【生活環境・関係性の構築】
《家族・生活環境をやんわりと整える》
《道筋をつけてつなげる》
《関係変化への気付きと活用》
《日常生活素材の活用》

【知覚（感覚・記憶）の活性化】
《秘められていた実感の覚醒》
《安定や元気を呼ぶ記憶回復の演出》

【行動への働きかけ】
《その気にさせる体験づくり》
《見守りながらの促し・習慣化》
《世界を拡げる自己表現の促し》

【生活や人生に対する意欲への働きかけ】
《意欲の喚起・拡大》
《生活と人生をつなぐ》

【肯定的感情の醸成】
《安定に導く苦悩への寄り添い》
《喜楽の醸成と瞬間呼応》

【意思・価値観の尊重】
《その人らしさの発揮》
《望ましい志向への転換》

【持てる力を高める】
《肯定的交互作用の流れづくり》

2）ストーリーライン

　ホームヘルパーは、利用者の【持てる力を高める】(コアカテゴリー) 及び「肯定的交互作用の流れづくり」に向けて利用者自身の様々な側面に働きかけるが、【持てる力を高める】プロセスは，諸カテゴリーのいずれからもその流れを作ることができる。

　ホームヘルパーによるコミュニケーションは、身体介護や生活援助を継続して行いながらあるいはその合間に行われることにより、ホームヘルパーならではの【肯定的感情の醸成】や【知覚（感覚・記憶）の活性化】に示したように利用者の感情や感覚が豊かに高まっていく。そのプロセスのもとで利用者やホームヘルパーの双方にとっての目標や変化の流れを生む【行動への働きかけ】や根源となる【生活や人生に対する意欲への働きかけ】が展開される。ホームヘルパーは利用者がその人らしく暮らすうえで一見無謀と思えるような場合でも、説明や説得ではなく利用者の状況に合わせ、変化の鍵となる【意思・価値観の尊重】に徹しながら多様なコミュニケーションのスタイルを貫いていた。このような変化のプロセスが浮き彫りになったが、これらのカテゴリーの交互作用により持てる力の高まる幅が拡がったり深化していく流れを生み出すことができる。

　その基盤には，【生活環境・関係性の構築】といった環境的側面への働きかけの継続と、媒介的働きかけである【援助展開の促進】が存在し、これらが総体的に利用者の持てる力を高める結果をもたらしている。

　ホームヘルパーは，身体介護や生活援助とともに行うコミュニケーションを通じてこれらの肯定的交互作用の流れをその時・その場でつくっていくのである。

6．生活場面面接の定義

　M-GTA を用いた生活場面面接研究の過程で、生活場面面接プロセス概念への理解が深まっていった。その結果、生活場面面接を次のように定義するに至った。

> 生活場面面接とは、利用者の日常生活場面において、援助目標に沿い利用者の多様な側面と必要に応じて環境（生活環境、出来事、他者との関係）を活用した意図的なコミュニケーション、すなわち面接である。

7．結果及び考察
　　～カテゴリー別の概念及び相互関係～

　以下、生成した概念についてカテゴリー別に解説する。

1）カテゴリー【肯定的感情の醸成】
　ホームヘルパーは、身体介護や生活援助を行いながら、利用者の感情的側面に働きかけるように心に寄り添って話を聴いたり、喜びを高めるような声かけを行っている。

①概念《安定に導く苦悩への寄り添い》
> 《安定に導く苦悩の寄り添い》とは、苦悩の状態をあるがままに受容したり、寄り添って現実を共有することで利用者の心理的安定を図ること。

　ホームヘルパーは、利用者の日常生活場面において最も身近な職種であるため、信頼関係を構築しやすいことが指摘されて

いる。また、利用者はホームヘルパーに心身面・生活面に関する苦しみや辛さを訴えてくること、また、限られた時間においてホームヘルパーが誠実に対応していることも経験的には知られている。利用者や家族とホームヘルパーの関係形成にとっては、基盤となる重要な過程である。

　例えば、Aヘルパーは、「利用者の『死にたい』との訴えに、ホームヘルパーは、『そうだね、そんなに大変なんだね』と、共感的にうなずき、落ち着いた環境をつくることよって、利用者は落ち着いていった。(ホームヘルパーが) いる間だけでも、死にたいという気持ちがなくなればよいのかな。」と述べている。

　このように、利用者が「死にたい」という究極の訴えを含めた苦悩の表明に対して、ホームヘルパーは共感的・受容的環境を作ることによって、利用者が落ち着いていったと考えられる。

　また、Bヘルパーは、「『夫には苦労ばかりさせられた、夫が死んでほっとしている。』と、泣いて話をするのをずっと聞いている。」と述べている。

　ずっとホームヘルパーが聞くだけで利用者が安定していくことも示されている。

　次に、概念で表現される現象の幅を示す対極例をみてみたい。

　Aヘルパーは、「『そんなこと言っちゃダメよ。』そういうこと言ったら、皆に迷惑がかかるんだなという現実を受け入れていただいて、それからどういうふうに自分を過ごしていくか……。」と話している。

　ホームヘルパーは利用者の話を聞き続ける中で利用者に考えを伝え、苦しい現実の受け入れを図っていく場合がある。

また、Bヘルパーは、「『私ね、明日目が覚めないかもしれないから、何もしない。』という人に、意識的な働きかけがないと、過去だけ振り返ってしまう。そこから先が大事で、『一緒に買い物に行ってみない？』など、その人らしい方向性を考えながら次につなげていかなければいけない。」とまとめている。

　「苦悩への寄り添い」をきっかけに、利用者に現実の受容を促し、その人らしい方向性を探りながら、次の段階につなげている。

　このように、ホームヘルパーが利用者に寄り添うとは、ただ単にだまって側にいることを意味するのではなく、利用者に寄り添った立場から、利用者の思いや苦しい現実を共有して前向きに向かわせるような声かけを、折りをみてかけるという状態も含むものである。

　カテゴリーとしては、【肯定的感情の醸成】を働きかけているが、ホームヘルパーとの関係を深めることにつながっていることがわかる。

②概念《喜楽の醸成と瞬間呼応》

> 《喜楽の醸成と瞬間呼応》とは、利用者が喜びや楽しみの感情を表現した際、呼応するように間髪入れず共感を示すこと。

　ホームヘルパーは、利用者の生活の流れに沿って、日常生活行為を共有しているため、利用者の心理面・身体面・生活面などにおける楽しみや願い、リハビリや生活行為の向上、生活環境の変化などを即座に感じ取れることができる。ホームヘルパーは、その場面を捉えていくことが大切である。

　例えば、Aヘルパーは、「(外出から) 帰ってくると『お腹が

――― 第2章　M-GTAを用いた利用者の「持てる力を高める」プロセスの検討

すいたからバナナ一本食べようか。』ということによって、また繊維質のものを摂れば、今までおしめにウンチしていたのが、『出たい気がする。』と言って、トイレに行ってポトンと音がすれば、『あっ出た！良かったね〜。』と言って、おしめ外しの方向にもっていけますし……。」と述べている。

　援助目標や願いが達成された瞬間の喜びや感動を、その場で率直に伝えることで喜びを共有したといえる。ホームヘルパーのマニュアルとしては、利用者がトイレへ入っている場合はトイレには近寄ったりせず、利用者が気兼ねないようにしなければならないようになっている。そういう意味では、利用者には、思いもよらぬホームヘルパーの反応だったのではないかとも考えられるが、達成感や喜びを共有することで次なる生活目標行為へと展開が図れたことが示されている。利用者にとっては、ウンチが出たことの喜びが、ホームヘルパーがその場でいっしょになって喜んでくれたことによって、よりいっそう強まったのではないかとも考えられる。

　また、Bヘルパーは、「車いすを押して外へ出る……（利用者が）『この花きれいね。』って言う……感じたことを思わず口に出したことなのでそのまま行っちゃうと、それは意識化されない、独り言だから。それをとらえて、『ああ、この花きれいだね。』と言うことで、花がきれいだと思っている自分を感じ取ることができる……。」と述べている。

　上記の例に共通することは、その時、その場での利用者自身の喜びや感動に対して、ホームヘルパーは共鳴するかのように、その共感性をありのまま利用者へ表現している点である。

　これらは、いずれも利用者の【肯定的感情の醸成】を図っていることを示している。

留意すべきことは、ホームヘルパー自身の感動が乏しい場合やその時々のアセスメントが適切でない場合には、利用者にとって不快な感情となる可能性も秘めているという点である。

③カテゴリー【肯定的感情の醸成】における概念、及び他のカテゴリーの概念との関係

　利用者とホームヘルパーとの信頼関係形成や利用者の自己表現が不十分な状況では、《喜楽の醸成と瞬間呼応》の働きかけの展開は、難しい側面もあるが、生活環境や出来事などを適切なタイミングで利用者の感情にフィットできた場合には、可能ではないかということが考えられた。

　《安定に導く苦悩への寄り添い》を通じて、カテゴリー【行動への働きかけ】の《世界を拡げる自己表現の促し》へと展開できることが多くみられた。また、《安定に導く苦悩への寄り添い》の積み重ねは、カテゴリー【生活環境・関係性の構築】の《関係変化への気づきと活用》を進め、《喜楽の醸成と瞬間呼応》へと繋がっている。

　また、《喜楽の醸成と瞬間呼応》の具体例が示すように、ホームヘルパー自身の喜びや感動（共感性）を利用者へ表現することで、利用者はホームヘルパーがその場でいっしょになって喜んでくれたことにより、いっそう喜びが強まり、さらに信頼関係形成を深化させ、目標であったおむつ外しへと向かうことができたと考えられる。

　カテゴリー【援助展開の促進】の《かなえがたい生活目標行為への誘い》や【行動への働きかけ】の《見守りながらの促し・習慣化》へと展開されるといったカテゴリー【持てる力を高める】の《肯定的交互作用の流れづくり》の連鎖を形成していく

ことがわかった。

2）カテゴリー【知覚（感覚・記憶）の活性化】

ホームヘルパーは、身体介護や生活援助を行いながら、利用者の五感や記憶の活性化を図る情報を探索しながら、その場面を利用して覚醒・高めるような声かけを行っている。

①概念《秘められていた実感の覚醒》

> 《秘められていた実感の覚醒》とは、ケアに溶け込むような自然な声かけによって、呼び起こされた利用者の季節感や爽快感、生活感など生きている実感を十分に感じてもらい覚醒させること。

ホームヘルパーは、身体介護や生活援助、相談援助を統合的に提供し、利用者の生活の流れに沿って、利用者と日常生活行為を共有している。そのため、多様な日常生活行為や生活の出来事を通じて、利用者の多面的な感覚を感じることができる。

例えば、Mヘルパーは、「落ちている松ぼっくりやどんぐりを拾って行って、『もう外は秋だよ。』て言って、散歩に誘うとか……。」と述べている。

このように、季節などを象徴する事象や生活上の出来事を捉えて、利用者の生活感覚や生きている実感を呼び起こしていくことが特徴である。また、多様な秘められていた実感が覚醒されることにより、利用者は元気になり、さらに生活や人生に対するニーズや意欲へと繋がっていくと考えられる。

②概念《安定や元気を呼ぶ記憶回復の演出》

> 《安定や元気を呼ぶ記憶回復の演出》とは、利用者自身や生活への無欲・混乱に対して、生活体験やケアにフィットした促しや演出により、安定や関心の拠り所となる記憶や感覚の回復を意図的に図っていくこと。

ホームヘルパーは、利用者の生活全体を支援するため、折に触れて利用者の過去の生活への思いや使用していた品々などを把握しやすい立場にある。そのため、現在の利用者がどんな状況であっても、楽しかった頃のその人らしい生活体験に関連した記憶を援助展開に役立てることが可能である。

例えば、Aヘルパーは、「テレビを見ていて『あんな半袖着て、今日は暑いの？』と言う利用者に、『夏だから、外はとっても暑いんだよ。』と話すと、『やっぱり夏だもんね。』と。調理をしながら、『今日は、ピーマンを炒めてるよの、味見してね。』、『ピーマン、日照りで高いんだって。』と、利用者がよく知ってくる記憶をたどって……。」と振り返っている。

認知症の高齢者であったり、生活意欲のない利用者の場合など、利用者のなじみある生活体験や日常生活素材を活用し、利用者の関心を引く記憶を見出し、促していることが示されている。

次に、利用者が大切にしていた生活の継続の観点からの例を見てみたい。

例えば、Cヘルパーは、「生花、それを必ず買いに行ってた人なんですよ、仏壇の為に。それがですね、ちょっと分からなくなった頃はまだ行ってたんですけども、ぱたっと行けなくなっちゃって、もう……行けないんですよ。だからそういうのもあるんで、部屋の花とかを持ってったり、近所の人にもらった花

を入れてますけれども。そこらへんの庭に咲いてる花とかね入れて、全然お花が入ってない事もあります。だから、やっぱり本当はその辺の所も考えていかなければならないんだけれども、延々とこだわってやってきた事ってのが、出来なくなってきてるんですよね。そういうふうにやってきた人だったと分かるから、その辺は『庭の花でも入れようか？』、『この頃市に行かないの？』っていうと『うーん』ってとぼけた返事が‥生活のリズムの中にあった人だから、それがなくなってしまったわけだから……。それでもそこに花瓶がある。忘れているわけではない。お花を花瓶に入れたのを見るとまた、戻れるでしょ。その辺は、最初から入って……。「仏様に上げて（お花を）いいですか。……上げて下さいって……。」

このようにヘルパーは、利用者が花を仏壇に供えていた習慣を利用者が元気であった頃の生活の拠り所であったと考え、それができなくなった利用者の気持ちを察していることがわかる。そして、生活習慣ができなくなっても、仏壇に花がある記憶・状況をさり気なく継続できるようにと、仏壇に花を供えた利用者の生活を演出している。

利用者の記憶回復は、認識や行動を促進させ、好転化させることにも繋がる。そのような流れづくりを生むには、当を得た声かけや場面を演出するアセスメント能力が重要である。提示した以外の例では、利用者に混乱が見られるような状態であっても、感情・感覚・記憶を回復していくのは、利用者の心理的・身体的変化に良い影響を与えることが示されている。

③カテゴリー【知覚（感覚・記憶）の活性化】における概念、及び他のカテゴリーの概念との関係

　現在、利用者がどのような状態であっても、記憶を回復していくのは、現在の感情や感覚、自己の肯定化など利用者の心理的・身体的変化に良い影響を与えていくことが示された。

　《秘められていた実感の覚醒》と《安定や元気を呼ぶ記憶回復の演出》は、ほぼ同時に起こることがある。また、それらは、いずれもカテゴリー【行動への働きかけ】の各概念、とくに《その気にさせる体験づくり》とは連続したものであった。また、２つの概念は【生活や人生に対する意欲への働きかけ】の《意欲の喚起・拡大》と関係しながら、《見守りながらの促し・習慣化》を進めていることがわかった。そして、《秘められていた実感の覚醒》は、カテゴリー【肯定的感情の醸成】の《喜楽の醸成と瞬間呼応》と交互作用が強い。

　カテゴリー【生活環境・関係性の構築】の《日常生活素材の活用》は、カテゴリー【知覚（感覚・記憶）の活性化】には不可欠な存在である。ホームヘルパーは、《日常生活素材の活用》を日常的に積み重ねながら情報収集を行い、利用者の反応を生む声かけにより機微を捉えて、生きている様々な感覚や記憶を呼び起こし、拡大させていく。そして、その流れはカテゴリー【意思・価値観の尊重】を作動させ、重なりあうようにカテゴリー【生活や人生に対する意欲への働きかけ】も高めていく。カテゴリー【知覚（感覚・記憶）の活性化】は、利用者の【持てる力を高める】ための基盤づくりと維持の役目を果たしていることが示されていた。

3) カテゴリー【行動への働きかけ】

　ホームヘルパーは、援助目標や計画をふまえ身体介護や生活援助を行っている。利用者にとっての日常生活行為を目標に自立支援を展開していくには、自己表現を促したり、目標となる体験として、また習慣化を図る声かけが行われている。

①概念《世界を拡げる自己表現の促し》

> 　《世界を拡げる自己表現の促し》とは、利用者との多様な関わり場面を捉え、利用者の感情や関心を拡げたり、新たな体験につながるような自己表現の機会を促していくこと。

　在宅サービスの中でも、自己表現が豊かでない利用者の場合、多くはホームヘルプサービスから入り、ニーズや利用者の受け入れ状況により、他のサービスへと拡大されることが多いという実態がある。ホームヘルプサービスを利用し始めた当初、利用者は拒否的であったり無口であることも少なくない。そのような中でホームヘルパーは、関係形成とともに利用者の自己表現を促そうと様々な試みを行うことが指摘されている。

　ホームヘルパーは、他の訪問型サービスと比べても、利用者の城である自宅にて生活全体を支援するため、個別的な家事の方法や台所まで入っていいのか、お湯の温度は快適かなどのコミュニケーションを通じて利用者の発言を否応なしに、時には自然に促したりするなどして、自己決定を含めた自己表現の場面を生むことができる。

　例えば、Aヘルパーは、「限られた時間の中で、その方と話してあげる。買い物をした合間に会話をするのを本人は楽しみにしてる、そういうふうなことでもやっぱり他人が入れば、1

日中ラジオとテレビだけよりも、生の人間としゃべるだけでもその方にとってはよかったのかなと思った訳ですね。」と述べている。

　また、Ｄヘルパーは、「一応きりのいい所まで掃除機が済んでからお話を聞いても良いように思えるんですけれども、利用者から見るとその場で直にでも聞いて欲しかったような事だったんですよね。思いついた時に直に言わないと、忘れちゃうって事なんですよ…。だからやはり、利用者は今話したければ直に応じなければいけないんですよね。だから、『全部終わってから話し聞きますね。』っていうと『じゃダメだ』って…。そういうのハッキリ分かって、『後で話しましょうねーって…話しましょうねー。』って言えば落ち着く人もいますしね。」と語っている。

　生活援助などの合間のホームヘルパーとのちょっとした会話は、利用者にとっては、自己表現や自己決定の場となる楽しみな出来事であることがわかる。

　このように、利用者の生活の流れに沿った利用者からの自己表現や求めに応じた会話には、本人の意思が感じられるとともに、本人が話したい時にホームヘルパーが側にいて、ホームヘルパーが応えることが重要である。これらが、利用者にとって楽しいと感じられるような世界へと転換させている。

　また、Ａヘルパーは、「すべての私の行動に関して『ありがとう。』と最初は、大体の方が、８割の方がおっしゃるんです。その内、１ヶ月・２ヶ月経って行くと、『これはされたくない』とおっしゃる辺りから、自分を一つ受け入れてくれたかなぁって感じる。……せっかくヘルパーさんが来たんだからお風呂に入らなきゃ悪い。というのは、必ず利用者さんの中に悪いって

―― 第2章　M-GTAを用いた利用者の「持てる力を高める」プロセスの検討

言う気持ちが…あるの。……それが段々気分が乗らない時には「今日はお風呂に入りたくない、今日は何々したくない。」とか…。せっかく来てもらったんだから何かしてもらわなくては悪いとおっしゃる気持ちが、今日は自分の都合でやって欲しくないと言った時から、やっとこう心を開いてくれたかなと感じますね。もう話し方が『あっそうね。』って、そこで『なんで？』じゃなくって『あ、そうだよね、今日はちょっとあのー顔色もちょっとあれだもんね、どうしたのかなーと思ったんだー。』というふうにすると、そんな風に分かってくれるんだー、あのー断ってもいいんだ。……言葉がお互いに柔らかく、相手の方も『すいませんねー申し訳ないね。』が段々とこう取れて来て、柔らかく言葉の…会話の感じが『申し訳ないね、すいませんね。』から『ごめんね。』という風に変わるとか。」と述べている。

　最も身近な立場であり日常生活行為を共有するホームヘルパーは、利用者にとっては、生活環境の一部である。このように、ホームヘルパーに気を遣っていた時と比べると、自分の言葉で本音を言えることは、真の自己表現であり、ホームヘルパーとの関係において新たな世界へと入っていくことができる。それを認識しているホームヘルパーは、利用者のその変化を促すように利用者の発言に寄り添った返答をしている。また、この例示は、カテゴリー【生活環境・関係性の構築】の《関係変化への気付きと活用》のバリエーションとも重なっている。

　このように、身体介護や生活援助を通じての自己表現や束の間の会話だからこそ意味があると思われる。これらの考え方は、《日常生活素材の活用》での生活体験や事象の合間や《かなえがたい生活目標行為への誘い》でホームヘルパーとともに行

う日常生活行為に関連した話など、束の間だからこそ、ちょっと言ってみようかとか、ちょっと聞いてみようかといった、会話ニーズが生まれるのではないかと考えられる。　ホームヘルプこそ、会話ニーズをたくさん秘めたものであり、それらを自己表現できる場面なのである。つまり、ホームヘルプをしながらの場合、傾聴ボランティアの場合とは異なる会話ニーズを育んでいると推察される。多くのホームヘルパーが、限られた時間の中でも、ホームヘルプを優先させ、「あとでね」とか「ちょっと待って」という対応をできるだけしないように配慮し、その場で利用者と向き合う努力をしていることからも、利用者のペースで求めに応じた会話が有用なのであろう。

　上述してきたように、利用者の日常生活行為や生活の流れのちょっとした、束の間の会話の積み重ねが、利用者の自己表現を促し、持てる力を高めることに繋がる新たな世界を拡げていくということが示唆された。

②概念《その気にさせる体験づくり》

> 《その気にさせる体験づくり》とは、利用者が前向きな体験をできる分岐点において、一押しする賞賛やユーモアを秘めた演出、理解に応じた説得により、その体験を積み重ねられるようになること。

　ホームヘルパーは援助目標に沿って利用者の自立支援を促す際、利用者が一度でも行動して気持ちよさを実感してくれれば、次に展開できるといった行動拡大の好機となる体験がある。

　ホームヘルパーは、利用者の生活状況や意欲・身体状況、天気などをトータル的にアセスメントしながら準備を整え、機を

───── 第2章　M-GTAを用いた利用者の「持てる力を高める」プロセスの検討

逃さず見計らって一押しすることでその気にして体験化を試みている。

　例えば、Aヘルパーは、「今日は体調が良く、みな食べられたのかなということを確認して、じゃあと散歩に誘う。そうすると、『そうだね、廊下だけでも歩こうか』と本人の口から出ることによって、『じゃあ着替えどうしようか。』と、お洒落なお爺さんだったから、ステッキを持ってもらい、『カッコいいじゃないですか。』と言うと、『いやあ～。』なんてね。……着替えるという億劫な気持ちがそこで取り除けたことになりますよね。」と楽しそうに振り返っている。

　このバリエーションは、臆病がって散歩に出たがらない利用者を何度も、散歩へ誘うことを試み、ユーモアや賞賛しながら一押しする好機を逃さず、利用者をその気にさせて体験してもらったものであり、本概念の例示としては、最もわかりやすいものである。この体験後は、暑いときでもマンションの廊下だけでも歩くようになり、自ら着替えをして楽しみにするようになっていた。

　次に、本概念の幅を考えられると同時に、《見守りながらの促し・習慣化》やカテゴリー【援助展開の促進】の《かなえがたい生活目標行為への誘い》とも関連するバリエーションを見てみたい。

　Cヘルパーは、「それで、その時には、凄く何か違和感があったみたいで、『段々年取ったら、今一人で家にいるけれども、老人ホームにも入らなければいけなくなるかもしれないし、そういうのも見ておいた方がいいわよ。』っていうふうにまじめに言ったんですよ。そしたら『そうねー見学に行ってこようか。』って感じで1日目行ったんですね。」と笑いながら話して

くれる。

　デイサービスへ誘っている場面である。認知症の利用者への対応としては、説得に近いが、ホームヘルパーは利用者の理解度に応じた説得にて利用者の体験化を実現させている。

　Cヘルパーは、さらに「1週間に1回だったんで、次の週にまた、ヘルパーが朝行って、『今日は行く日ですよ。』って言ったら『もういいよ。1回行ってきたから。』って言われちゃったんですよ。『でも、もう1回行ってみて。』と言ったらば、『しょうがないわね。』とかなりごねたんですけれども……行ってくれたんですね。その時に、『他の人も楽しみにしてるみたいよ。』って『結構Aさんよりも年寄りの方が来るから、昔取った杵柄で少しお手伝いしてきたら。』みたいな事を言ったら、ちょっと乗っかって。それで、『何々さん、あの人前に私達を色々助けてくれていた人じゃない？って話してたらしいよ。』とかいう話をしたんですよね。『えーそういう人いたの？』って『なんかやっぱりね、自分は知らなくても相手は知ってるから頼りにされているんじゃない？少しお世話してあげたら？』と言うと『えー。』なんて言いながら照れながらも行ったんですよ。」と続けて楽しげに話してくれる。

　利用者がその気にならない場合でも、ホームヘルパーは粘り強く利用者にとって強制にならないように、ユーモアを秘めた演出によりデイサービスの利用をその気にさせている。これらは、いずれも利用者がその体験づくりへと向かう直前であることが特徴である。この対応がタイミングよく図れないと、利用者は体験する気にならなかったり、楽しくないため継続できないことになる。デイサービスの2つの例示のように、《その気にさせる体験づくり》の積み重ねが《見守りながらの促し・習

慣化》へと連続することがわかる。

　利用者が持てる力を高めていくために、ホームヘルパーは生活目標行為に向けて段階的な援助を展開していく。その各段階において、利用者の感情や知覚、意欲を高めていく体験をもたらしていくことが鍵となっていく。利用者によっては、自信をなくしていたり、実際にできるとは夢にも思っていないこともあり、ただ受容したり、真面目に向き合って説得するというよりも、その日の生活状況・利用者の状態に即したリズムを生むようなホームヘルパーの声かけは、利用者が前向きとなる気持ちを促すためのちょっとした後押しとなり、利用者は心と身体を揺り動かされていくと考えられた。

③概念《見守りながらの促し・習慣化》

> 《見守りながらの促し・習慣化》とは、援助目標に沿って利用者の生活行為を見守りながら共に行うなどする中で、主体的な生活行動を可能にさせ、維持・定着化を図るために、日常生活の中に織り込んでいくこと。

　ホームヘルパーは、利用者の生活に寄り添い見守りながら、利用者と生活目標行為を共有したり、利用者なりの自立に向けた主体的行為を促し、生活の流れに織り込みながら習慣化を試みる。その過程には、身体介護や生活援助を通じて行為を促す声かけに特徴がある。

　例えば、Aヘルパーは、「過去を思い出しながら、『昔こんなことやったよね。』と、編み物にしても裁縫にしても、縫い物している時でも、残っている力はその方にどの程度あるのかなっていうことを頭の中で考えながら、『今度は糸通しでもしてもらおうか。』……タオルをひとつ絞るのでも洗濯物をたた

むのでも、ドサッと利用者さんの前にヨッコラショと持ってきて、『じゃあ、一緒にやろう』と言って、……そういう動作を徐々に話ながら、その人の動きを見極めながら、これだったらできるかなっていうのを見極めながら……。」と述べている。

他には、「気持ちいいよ。」といった清拭の促しや、薬の内服ができない利用者への楽しみを感じてもらいながらの勧め、散歩やデイサービスへの促し等多くのバリエーションを得ることができた。また、習慣化の段階については、とくに利用者ができることを見守りながら、次の行動を進める場面が多く見られた。

ホームヘルパーは、生活の流れのなかで利用者のペースに合わせて自然に声かけしたり、雑談や観察をしながらともに行うなかで、主体的な生活行動を可能にさせ、定着化させていくことが示されていた。

④カテゴリー【行動への働きかけ】における概念、及び他のカテゴリーの概念との関係

多くの利用者が自己表現が乏しかったり、特定の話（家族への不満など）に限られていることが多い。《世界を拡げる自己表現の促し》への働きかけにより、日常生活素材やともに行う日常生活行為に関連した話など、束の間だからこそ、利用者が自ら話してみようかとか、ちょっと聞いてみようかといった、会話ニーズが生まれることが示された。また、身体介護や生活援助を進める際に利用者に自己決定の機会を多く問いかけることにより、利用者の主体的な意思形成が図られる点でも重要であった。本人が話したい時に、ホームヘルパーが側にいて成り立つ束の間の会話だからこそ、豊かな意味ある会話として発展していく可能性が示唆された。そして、カテゴリー【知覚（感

覚・記憶)の活性化】やカテゴリー【生活や人生に対する意欲への働きかけ】やカテゴリー【生活環境・関係性の構築】の《関係変化への気づきと活用》、多くのカテゴリーやその概念を推し進めるものであった。

　カテゴリー【行動への働きかけ】においても同様であり、徐々に自己表現を促しながら、利用者の変化を捉えながら、《その気にさせる体験づくり》により、対応をタイミングよく図り、無理とも思われていた体験ができる。この体験は、利用者にとって楽しいものであったり、自信や爽快感などを回復できるものであるため、日常生活の中に織り込まれていく。そして、《見守りながらの促し・習慣化》への働きかけにより、維持・定着化され習慣となっていった。

4)カテゴリー【意思・価値観の尊重】

　ホームヘルパーは、利用者の自立支援に向けて持てる力を高めていこうと感情・知覚・行動・生活や人生へと働きかけていく。その際、身体介護や生活援助を通じたホームヘルパーの相談援助が有効であったことを見てきた。利用者にとっては、それらが高まったり、形成される交互作用を受けて、思考・価値観の変化も生じるようになる。

①概念《その人らしさの発揮》

> 　《その人らしさの発揮》とは、役割を引き出したり、その人らしい考え方を尊重することにより、自信の回復や自分らしい生き方への思考・価値観を発揮できるように促していくこと。

　ホームヘルパーは、身体介護や生活援助を通じて、利用者ら

しさを把握することに留意し、その人らしさを少しでも発揮できるように、感情や知覚・行動への肯定的変化を図る中で利用者のその人らしさを強化するような働きかけが行われていた。

例えば、Ｂヘルパーは、「『明日目が覚めないかもしれないから何もしない。』って言う人に対して、過去を振り返って話がいろいろ出て……『やっぱりオレの人生ついてなかった。』とか『私、もう死ぬだけだから、何もしないでちょうだい。』と言うから、そこから先が大事で、意識的な働きかけがないと……、具体的に生活をどうしたいかというサービスの利用だとか、『わからないから、一緒に買い物にいって教えて』とか、次に繋がっていかなきゃいけない、……利用者が持っているいろんな人生とか感じ方とか、その人らしい方向性を、こういう風にやったらいけるんじゃないかって（考えながら）。」と述べている。

また、Ｃヘルパーは、「『せっかくヘルパーが来たから、ご飯支度をしていくよ。』っていうような事で、おかずを作らしてもらったんですよ。『そういう事をしてもらっては申し訳ない。』とかね、そういう人なんですよ、義理堅い人でね、遠慮深い人なんでね。そういう会話があったんですけども、『みんなどこでもヘルパーって言うのは、ご飯を作ってくれるんだよ。』って話をしてですね……。『１人だとみんな面倒臭がって作らないから、みんなどこに行っても、ご飯を作る事になってるから作らせてちょうだい。』って言うような言い方をして、作ってきたんですね。……調理をするのは嫌いな人なので、一緒に作るっていうのは効果がないんですよ。……初めはくっついて見てて『へー中々やるじゃない』とか何とかって言って見てたんだけども、私たちが『座ってなよ、座ってなよ』って言うものだから、座ってるのも落ち着かないって事で、今度はこ

う私たちが調理をしてる間に玄関を掃くとか、ヘルパーの靴を磨くとか、ヘルパーが乗ってきた車を掃除をするとかね、そんな事やってくれるんですよ。」と語る。

また、Aヘルパーは、「そういうこと言ったら皆に迷惑がかかるんだという現実を受け入れていただいて、それからどういうふうに自分を過ごしていくかっていうところで……。」と語っている。

ホームヘルパーは、利用者の価値観を大切にし、その状況に合わせて援助を行うという特徴がある。そのため、利用者のその人らしさを発揮する場合も、思考や価値観の観点に対してストレートに働きかけることは少ない。多くは、前者2つのバリエーションのように、他への働きかけとの交互作用である。後者のバリエーションでは、それまでの積み重ねを前提にしながらも、その場面では相談援助だけでその人らしさが発揮できることを探っている。

このように、カテゴリー【生活や人生に対する意欲への働きかけ】と、カテゴリー【意思・価値観の尊重】の《望ましい志向への転換》との交互作用が強いことが示唆された。

②概念《望ましい志向への転換》

> 《望ましい志向への転換》とは、現状認識をふまえながらも、本人が持てる力を信じたり、自分自身を尊重し、将来や生き方を展望するなどの思考や価値観への転換を促すこと。

ホームヘルパーは、折りに触れ、利用者から様々な悩みや本音を打ち明けられることが多い。そこで、ホームヘルパーが時間をとって相談に向き合ったり、身体介護や生活援助を通じた

感情や知覚への働きかけの交互作用により、利用者の思考が肯定的な方向へと向かうように寄り添った相談援助を行っている。

　例えば、Eヘルパーは、「申し込んでいた特養の順番がきて、迷って断ったことを悔やんでいましたが、私は『いいのよ、ここに (在宅) にいて……、あなたの権利なんだから。』と言いました。『そのような考え方もいいんだね。』と言って、在宅で暮らすようになった。」と述べている。

　Bヘルパーは、「『辛いことは辛かったね。』とか……、とにかく受けとめて共感して、『生きててよかったじゃん。』とか、でも『生きててもしようがない。』っていう人もいるし、何度もいろんなやりとりをしながら、できるだけ肯定的に、無理がないようにとらえられるように……、肯定的というのは、例えば、植木鉢の花に水をあげてたら、『まあそう言わないで、花が枯れるとかわいそうだから、明日も起きたら、水あげな。』とか……。」と語っている。

　いずれも、生活や人生全体を前向きに考えるようになっている。前者のバリエーションでは、前提となる関係形成や生活の改善などはあるものの、その場で時間をとって利用者のツボを押さえた説得を行っていた。後者のバリエーションは、その場である程度受けとめながら、利用者の状態を見ながら、段階的に肯定化できるように促している。

　これらは、カテゴリー【生活や人生に対する意欲への働きかけ】とカテゴリー【意志・価値観への働きかけ】の《その人らしさの発揮》との交互作用が強いことが示唆された。

③カテゴリー【意思・価値観の尊重】における概念、及び他のカテゴリーの概念との関係

　カテゴリー【援助展開の促進】の積み重ねや、【知覚（感覚・記憶）の活性化】及び【肯定的感情の醸成】といったカテゴリーが前提となるなどの影響を受けていた。また、カテゴリー【生活や人生に対する意欲への働きかけ】とカテゴリー【行動への働きかけ】とは、相互に強く影響し合い、コアカテゴリー【持てる力を高める】の《肯定的交互作用の流れづくり》を確実にするものであった。

5）カテゴリー【生活や人生に対する意欲への働きかけ】

　ホームヘルプに限らず、社会福祉実践では利用者の要望や意欲を重視する。とくに、ホームヘルパーは、利用者に主体的な生活を再構築してほしいと願い、身体介護や生活援助を通じた相談援助により、意欲を高められるように努力している。

①概念《意欲の喚起・拡大》

> 《意欲の喚起・拡大》とは、ケアを通じて表現しなかったり、潜在的であったニーズを呼び起こし、主体的な生活・行動を生む意欲へとつなげていくこと。

　ホームヘルパーは、利用者の生活の流れに沿って、生活援助行為を共有することができるため、感情面や行動面、知覚などに働きかけながら、生活や人生への意欲を高めていくことができる。

　例えば、Aヘルパーは、「ヘルパーが入るようになって、寝たきりの方で今まで食べることに興味がなかった方でも『あれが食べたい』とおっしゃられる……。」と述べている。

また、Eヘルパーは、「申し込んでいた特養の順番がきて、迷って断ったことを悔やんでいましたが、私は『いいのよ、ここに（在宅）にいて……、あなたの権利なんだから。』と言いました。『そのような考え方もいいんだね。』と言って、在宅で暮らすようになった。」と述べている。

　身体介護や生活援助を通じての促しなどにより、感情面や行動面などが変化につながる意欲の喚起、さらには意欲の拡大を見ることができる。

②概念《生活と人生をつなぐ》

> 　《生活と人生をつなぐ》とは、人生の振り返りが進むように助け、人生の肯定的に意味づけに賛同や強化し、さらに、現在の生活とつなげ前向きに捉えられるようにすること。

　ホームヘルパーの支援を受ける利用者の中には、自らの人生を受け入れていない場合がある。このような場合、過去の人生を振り返りながら、現在の生活へと繋げる過程が必要となる。

　例えば、Bヘルパーは、「ちょっとしたことから、自分からポツリポツリと切り出す……、その中で自分の人生を振り返りながら……、一人で誰とも喋らないで、一日家に居る人は自分の人生を振り返れない……、自分の置かれている状況、悩んでいること、困っていること、してほしいこと、希望や願いは、言語化されないと、なかなか自覚できない。最初はそういう昔の思い出話から始まったりするだけでも、かつての自分らしい生活やかつて嬉しく感じたことなどを呼び覚ましながら、今に引きつけて……。」と述べている。

　このように、ホームヘルパーは利用者の人生に関する振り返

りを助けながら（インタビューに同席したソーシャルワーカーによる言葉）、今までの人生を肯定的な意義を見出し、現在の生活を連続したものとして、生きる意欲を喚起させていくことが示されていた。他の例示でも、ホームヘルパーの寄り添ったうなずきや話を進める程度の促しなどにより、同様の経過をたどっていることが特徴であった。

③カテゴリー【生活や人生に対する意欲への働きかけ】における概念、及び他のカテゴリーの概念との関係

　ホームヘルパーは、死にたいと訴える利用者に対しても様々な機会を捉えながら、《生活と人生をつなぐ》ように働きかけていく。また、具体的に生活が再構築されるに従い、人としての肯定的な感情や役割などを実感できるようになる。そして、ホームヘルパーや家族などとの信頼関係が深まる中で、現在の自己の存在を肯定的に受けとめ、将来にも目を向けることができるようになる《その人らしさの発揮》、《望ましい志向への転換》。さらに、その人なりのニーズや意欲を呼び起こし、拡大させ、より豊かな生活支援へと拡大していった《意欲の喚起・拡大》。

　利用者の様々な状況により、自己の存在を意義あるものとして見出すことができない場合が多い（または、自己肯定感が低い）。そのような場合、ホームヘルパーは、カテゴリー【援助展開の促進】を基盤としながら、カテゴリー【生活環境・関係性の構築】からの影響を前提として受けていた。

　また、【知覚（感覚・記憶）の活性化】、【肯定的感情の醸成】、【行動への働きかけ】といったカテゴリーも同様に前提となっていることが多く見受けられた。特に、《安定に導く苦悩への

寄り添い》や《世界を拡げる自己表現の促し》、《安定や元気を呼ぶ記憶回復の演出》、同様にカテゴリー【意思・価値観の尊重】などとの交互作用が強く見られた。

6)【生活環境・関係性の構築】カテゴリー

以下6)と7)のカテゴリーについては、1)〜5)のカテゴリーと交互に影響を及ぼす位置づけとして、すでに述べてきたため、ここでは概念を中心にまとめている。

ホームヘルパーは、生活援助による生活環境全体を改善することが可能である。また、利用者にとっては、ホームヘルパー自身も環境であり、ホームヘルパーとは日常生活行為を共有するだけに、その関係性は重要である。ホームヘルパーは、利用者と家族や近隣、他のサービスとの関係性についても留意しながら、相談援助を行っている。

①概念《家族・生活環境をやんわりと整える》

> 《家族・生活環境をやんわりと整える》とは、利用者・家族との関係が維持・好転するように配慮しながら、利用者の本音や願い、家族の立場について、実現や解決に向け相手にやんわりと伝えること。

ホームヘルパーは、利用者の最も身近な職種として生活援助や身体介護を行いながら、利用者や家族の葛藤を聞いたり、本音に触れることがあるため、両者の立場を尊重しながら利用者の代弁を行うことが求められている。

例えば、Aヘルパーは、「家族にも言えない気持ち（食事の好み）を、ヘルパーに対してなら言える（家族に言えないことを表明できる関係）ことに対して、ヘルパーは利用者の立場を守

りながら、家族にも気持ちよく対応してもらえるように、その
ニーズに応える必要がある。具体的には、『○○さん、あんまり
好きじゃないみたい。』と家族にやんわりと伝える。家族に利
用者の気持ちが伝わり、『ああそうなの、何が好きだって言って
た？』と聞かれ、『○○が食べたいみたいよ。』と応える。する
と、家族の利用者への対応が変わり（好みの一品がテーブルの
上に載っている）、利用者に変化が見られるようになる（使え
なかった箸が使えるようになる）。」と楽しげに語っている。

②概念《道筋をつけてつなげる》

> 《道筋をつけてつなげる》とは、課題を発見したり相談
> を受けても、その場での解決が難しい場合は、その時、利
> 用者が納得できる程度の道筋をつけたり情報を得て、他
> 者や次回へつなげること。

　ホームヘルパーは、生活の流れに沿って、利用者の悩み事に
対して求めに応じてその場で対応できる。相談援助の専門職で
はないが、その場である程度受容したり、次に繋がる程度のこ
とを対応することが重要である。

　例えば、Aヘルパーは、「どこへ何を聞いたらよいかという、
案内役というか、それには有る程度、利用者さんに相談の道筋
をつけてあげられる、判断はできませんけれども道筋を紹介し
てあげられる……。」と述べている。

　現実の制度下において、利用は様々な悩みをホームヘルパー
へ打ち明ける。その際、ホームヘルパーには、利用者の立場か
ら柔軟な対応や利用者にある程度は納得してもらったり、理解
してもらえたと感じてもらえるような力量が求められることが
示されていた。これは、必ずしも他のサービスではなく、次回

にホームヘルパーが対応する場合でもよいというバリエーションも含んでいた。

③概念《関係変化への気づきと活用》

> 《関係変化への気づきと活用》とは、利用者が生活改善や信頼の深化に伴って、スイッチが入ったように外に関心を向けたり、本音をつぶやく等の関係変化を捉え、機を逃さず次の展開に活用すること。

　利用者とホームヘルパーとの関係だけではなく、他のサービスや周囲との関係も含めて、ホームヘルパーは、最も利用者に身近な職種であるため、その変化を生むきっかけを作ったり、その反応から即座に、次の展開へと繋げることができる。

　例えば、Bヘルパーは、「仕事をしながら慣れてくると、僕たちが話をするっていうんじゃなくて、いわゆる会話じゃなくて、慣れてきてそばにいて、するとね、利用者が独り言のようにポツリポツリと喋り出すっていう場面が生まれてくるんですよ。」と述べている。

　また、Aヘルパーは、「『家族には言えないんだけど……、あんただから言うんだけど。』ということを、チラッといってくれる。食べれるようになる、そのあたりですかね。……私たちに自分の家のある意味で人に言いたくない部分を言ってくれるようになってきたあたりでしょうかね。……1、2ヶ月経って「これ言われたくない」とおっしゃるあたりから、自分を少し受け入れてくれると感じる。」と振り返っている。

　これらの例は、ホームヘルパー自身との関係変化について、本音が聞ける関係への到達に気づき、意図的に次の展開に活用できていったものである。

また、Fヘルパーは、「今度はショートを使い始めて、そのショートに行くのが大変だったんです。それが一つの効果かもしれないです。『行ってくださいね。』って言ったって、絶対だめなんですよ。『こういう物があるのよー。』って、さんざん話しておいて、『そこ行くとこんな事があるのよ…食事みんなでしたり、あのーカラオケしたり、お風呂入ったり、色んな事があるのよ。』って、行く事を私は『あそこ行って見たらどう？』っていうのを本当に半年位言ったかしらねー。中々気に入らなくって。で、ある日『あの一言って見る。』って言い出したものですからね、こりゃしめたと思って一緒に見学に行ってそしたら、気に入って行き始めたんですけどね。」と長い経過を振り返っている。

　この例示は、《その気にさせる体験づくり》とも一部重なる面があるが、ホームヘルパーの意図的な促しによる他のサービスとの関係変化を示したものである。いずれの場合も、一気に話しが進むわけではなく、ホームヘルパーの粘り強い促しがそれらの関係変化を形成するのであろう。

　他にも、利用者からホームヘルパーに対して自己開示・自己表現がなされるなど、ホンネが聞ける関係への到達（独り言のように喋りはじめる）などのバリエーションが多く見受けられた。

④概念《日常生活素材の活用》

> 　《日常生活素材の活用》とは、利用者の日常生活素材（馴染みのものや好きなもの等）を意図的に活用し、生活や関係性の好転、言語化や感情・知覚などへの働きかけを展開していくこと。

　ホームヘルプは利用者の日常生活場面において身体介護や生

活援助とともに行われることから、ホームヘルパーは、他の訪問型の保健・医療・福祉専門職と比べても利用者にとってなじみ深い品々や日常的なことがらに触れる機会が多い。それを活用して利用者の感情、知覚や記憶、思考・価値観、行動、人生などに働きかけていくことができる。

　例えば、Bヘルパーは、「受付と違うのは、話のきっかけとなる品々がいっぱいあるわけ……料理を作りながら『何が好きなの？』、『焼き魚』、『魚は何が好きなの？』、『何とかが好きだ……、これ子供の時によく食べた魚で……。』、子供の時の話が出て……話がそれて人生の話になるわけ……」と述べている。

　この例では、生活援助をしながら食材に触れ、利用者の「好き」という感情を刺激し、子どもの頃の食習慣についての記憶を呼び起こしている。他の例では、季節感や爽快感などに働きかけている場合もある。

　また、Bヘルパーは、「その人に必要な支援がどうにか展開されはじめて、その人との関係が一定できたときに話す人もいる。そのきっかけというのは、ちょっとした仕事の中で見つけた日常の物の中に種を育てて、それを見つけて、そのあたりの聞き方が技術なんだよね。」とも語っている。

　このように、ホームヘルパーは関係形成の段階を見極めながら、話ができる関係ではない時にも、日常生活場面での素材をいつか話題にできると差し障りない程度に聞いて情報を得ていることがわかる。

　日常生活素材とは、利用者の日常生活やこれまでの生活史のなかで、利用者にとってなじみ深い品々やことがらを総称している。利用者にとって日常生活素材は、みずからの生活体験の

象徴としての意味がある。このように、ホームヘルパーによる具体的な生活支援のなかで、利用者の日常的な品々やことがらに触れながら、生活環境やホームヘルパーとの関係性を改善・向上させていくだけでなく、感情や知覚に触れたり、日常生活行為に結びつけた展開を図ることができる。

⑤カテゴリー【生活環境・関係性の構築】における概念、及び他のカテゴリーの概念との関係

　一般的に対人援助サービスにおいては、信頼関係形成が基盤となることがほとんどである。ホームヘルプサービスも同様であるが、ホームヘルプは具体的な生活支援であるため、他の社会福祉サービスを拒否していても、ホームヘルプのみは否応無しに受け入れる場合などもある。そのような場合でも、カテゴリー【援助展開の促進】による働きかけを継続して行うことにより、カテゴリー【行動への働きかけ】の《世界を拡げる自己表現の促し》が利用者の変化を生じさせ、信頼関係が深化していった。ホームヘルパーは、それまでとは異なる信頼関係に気がついた際、その状況を援助過程に上手に生かすことが《関係変化の気づきと活用》である。ホームヘルパーが媒体となり、さらに利用者に最も重要な家族との微妙な関係を両方の立場を尊重し、《家族・生活環境をやんわりと整える》働きかけが可能となっていった。家族にも言えない気持ち（食事の好みなど）を、ホームヘルパーに対してなら言える（家族に言えないことを表明できる関係）ことに対して、ホームヘルパーは利用者の立場を守りながら、家族にも気持ちよく対応してもらえるように、そのニーズに応える努力をしていた。

　利用者は、生活の流れにおいて最も身近なホームヘルパーに

様々な相談を投げかけるようになる。そこで、ある程度の方向性を考え、利用者が問題を抱え込まないように他の専門職などに繋げていくことができた《道筋をつけてつなげる》。

7）カテゴリー【援助展開の促進】

他のカテゴリー全体に影響を及ぼすものとして、ホームヘルパーとしての援助展開を促進するカテゴリーがある。身体介護や生活援助とともにもたらされる相談援助に着目した援助展開は、とくに重要である。

①概念《かなえがたい生活目標行為への誘い》

> 《かなえがたい生活目標行為への誘い》とは、利用者には実現困難と思われる願望を察したり、醸成し、それを生活行為の目標として、利用者の状態・ペースに合わせ、好機をとらえて工夫しながら誘っていくこと。

ホームヘルパーが援助を展開する際、利用者の要望やニーズをふまえて共有できる生活目標行為を念頭に段階的に進めていくことが大切である。

例えば、Aヘルパーは、「食べることで体力がつけば、外へ出たいとか、いつもカーテンを開けて外を見ていらっしゃる方に、『じゃあ散歩でもしてみましょうか？』と声をかける。」と語っている。

利用者の願望をとらえた（実現するための）、前向きの気持ちを促す、ちょっと後押しすることで、利用者は心を揺り動かされたと思われる。

また、Gヘルパーは、「何かやっぱりその方とお話するんですね、大体は。あと、面と向かっては話にくかったりすると、お

掃除しながら話す。でも三十分だからホントにその辺をちょっと拭くとか、掃除機をさぁーっとかけるとかそういうのをしながらこう話をしてたんですね。何を話すわけではない。『今日いいお天気ですねー』っとか、『どうですか？具合は？』っていうそういう会話だったと思うんです。その積み重ねなんですよね。ものすごく元気になるんです。ええ。だからなるべくご飯を食べてもらえるように、それと家の中がすごかったので、もう少しきれいな環境で暮らせるようにっていうのは目的だったんですね。だから少しずつ話をしていって、『この辺ちょっときれいに拭いておきましょうか？』っていうふうに、すこーしずつ、すこーしずつ。今日はテーブルの上、明日は窓の桟とかほんとにしていく間に、自分もきれいにしなきゃなあ、っていうのがうまーく、こう、利用者自身が……前に自分がなさってた生活っていうか、そういうの自分もやってたなあっていうところがでてこられたりとか、したのかなー。だんだんと、『前はちゃんとお掃除一生懸命してたんですけどねー。』っていうような言葉も出てくるようになった。『洗濯もねー、してたんだよ。』って。『本当はもっとね、いつもきれいにしていたいんだ』って言い始めまして、で、こう、動くようになったから自分でもある程度身辺ができるようになった。だからあるとき私が、家の前とおったらその方箒もって立っていらしたんですね。何か、特別、あのー、援助計画の中で、こういうふうに働きかけようっていうことがあったわけじゃなくって、利用者と話をする中で、それこそ、そのー方向性が見えて、利用者も変わってきた。」と述べている。

　ホームヘルパーが目的を持って利用者に段階的によそ行きの言葉で差し障りない会話から始めるといった関わりとともに、

利用者に伺いながら生活環境を整えていったことが示されていた。それらの交互作用の中で利用者が主体的に変わっていったことがわかる。

「かなえがたい」という意味には2つある。1つは利用者に願望があってもできない場合、もう1つは、利用者の願望にもなっていない場合である。だが、いずれも不可能なわけではない。後者の場合には、《意欲の喚起・拡大》と重なる部分が多い。

ホームヘルパーによる促しの間の取り方や声かけのタイミング、援助関係や展開の流れを把握し、先を予測した上で段階的に進める力が鍵となることがわかった。

②概念《意味・方向性の探索》

> 《意味・方向性の探索》とは、利用者の言動や生活環境、周囲との関係など様々な現象について、生活の流れに即した関わりを通じて、その事実や意味を探っていくこと。

ホームヘルパーは、日常生活行為や利用者の言動、日常の出来事が利用者にとって、どのような意味や方向性があるのかという情報を得られるようにと考えながら、利用者を観察したり、意味や方向性を引き出すような声かけをしている。

例えば、Cヘルパーは、「あれーって事で、『味噌汁の身は何を作るのっ？ 何を入れるの？』って聞くと、『んー何かねー。』っていう感じ。『今ごろだと大根がおいしいんじゃないの。』って言うと、『うんうん。』って言うんだけども、何か作ってないっていうのが分かるんですね、私の中で。『めんどくさいからねー。』って、『でも味噌汁くらい作るでしょう？』っていうと、『んーだねー』っていうふうに答えが返ってきて、これは

ちょっと食べてないね……。」と述べる。

　例のように、《日常生活素材の活用》や《世界を拡げる自己表現の促し》と重なる場合が多かった。

③概念《折り合いをつけながら進める》
> 　《折り合いをつけながら進める》とは、利用者・家族の話に対して曖昧な反応をとることにより、話の促進やトラブル回避、関係を保とうとすること。

　ホームヘルパーは、利用者や家族にとって最も身近な職種であり、関係が深化するにともない経済面や家族面など複雑な話を聞く場合が多い。また、場面や利用者の思いなどを推し量ると受容や共感を示しにくいどころではない、肯定も否定もできないアンビバレントな状況になることがある。ホームヘルパーには、そのような場面を抜け、信頼を損ねずに次の展開を図るコミュニケーション技術が求められる。

　例えば、Aヘルパーは「利用者が家族の言いたくない部分を『そうね』と同意してしまうとか、お互いに納得してしまってはいけないことなので、そういう返事のしにくい部分に関しては、『フフフフ。』という感じで良い意味でのごまかしや、顔を見てニッコリ笑うとか、そういう返事の仕方も構わないと思うんです。……良い意味での曖昧さという場合があるんですよ。……」と語っている。

　Bヘルパーは、「僕たちはすっとそこに座って『そうなの、そうなの』って聞いているだけで、肯定も否定もしないんだ……。」と述べている。

　また、Eヘルパーは「例えば身内のことなんかでもよく愚痴られるし、どこ行ってもそうなんですけど、私基本的に『そ

うですね。』は絶対だめだと思うんですよね、『そうですか。そうですか。』です。……『こんなこと言ったのよ、失礼じゃないあなた。』って言われても、『そうですか（低い）』ってそういう感じじゃないと絶対だめ。……だから利用者さんって、まあ人間ってみんなそうだと思うんですけど、自分の怒りとか、自分の人間的な受容とまたダブるんですけど、かえって増幅しちゃう部分あると思うんですよ。……すごく、で否定はもちろんしませんけど、もう全面的にあなたを受け入れます、なんて言ったら怒りも、もちろん喜びも害になりますけど、怒りも害になる部分あると思うんですよ。」と述べている。

利用者が両価感情をいだいていたり、混乱しながら話している時に、受容や同意ではなく、肯定も否定もしない曖昧な反応をとり、さらに話を進めようとしたり、周囲への関係を保とうとしていることが示されていた。

④概念《自然な経験的予防対応》

> 《自然な経験的予防対応》とは、利用者が不安や嫌悪感を感じないように、望ましい行動の促しや状態の安定化を図る働きかけを行い、心理・身体・生活・社会的悪化を予防していくこと。

ホームヘルパーは、多様な経験と利用者の身体面・心理面・生活面・社会面の状況を把握にもとづいて、その利用者の悪化要因をアセスメントすることができる。身体介護や生活援助を通じた声かけによる悪化予防の対応は、利用者や家族・コミュニティに自然に受け入れられるものでなければならない。

例えば、Cヘルパーは、「お母さんが生きているんじゃないかと思っているんですよ。その辺で、どっか行っちゃったと

いうような感じがあるんですよ。そのうち探しに外に出て混乱してしまう……。ただ、『お母さんがいるんじゃないか。』と話をした時否定はしちゃうといけないと思って、『どっか行っちゃったよ。』って言った時には、とりあえず話を『うんうんそうなの。』言いながら、しばらくしてから『お母さんの写真だね。……』仏壇を見ながら話をするとか……。あんまり否定しないような形で、お母さんは仏壇のなかの写真にいるということを思い出してもらうような形で、買い物をしてきた時に、必ず仏壇にあげてもらうとか、自分たちも拝むとかすると嬉しそうですよね。……そういうのが生活習慣になるわけですよね。」と語っている。

　認知症の利用者が徘徊するきっかけを考え、日常的に利用者が安定した日常生活が過ごせるように場面に応じて思いを受けとめたり、時が経ってから自然に声をかけるなどの配慮が見られる。また、生活の流れとして、利用者が理解できる場面では、現実を理解してもらえるような声かけと行為を示していた。

　利用者が認知症の場合、まさにＲＯ（リアリティ・オリエンテーション）を日常生活場面で行っていることが明確になった。また、他の場面では、回想法とＲＯを取り混ぜたような場面もあり、利用者の生活場面でのホームヘルパーによる相談援助が重要であることが示された。

　他に、利用者と家族や近隣の関係が悪くなるのをさける、できないことで混乱するため、自分でできるように促す、日常生活場面に入ることで利用者にとっての危険や不安要因を把握し、さり気なく予防するといった例がみられた。

⑤カテゴリー【援助展開の促進】における概念、及び他のカテゴリーの概念との関係

《折り合いをつけながら進める》のような場面を経ることで、カテゴリー【行動への働きかけ】の《世界を拡げる自己表現の促し》、【生活環境・関係性の構築】カテゴリーの《家族・生活環境をやんわりと整える》へと発展することが多かった。また、バリエーションによっては、カテゴリー【肯定的感情の醸成】の《安定に導く苦悩への寄り添い》へと繋がっていった。

また、《自然な経験的予防対応》の多くは、利用者の生活行為を予測したものであり、また、援助目標として位置づけながらも、必要な情報は随時《日常生活素材の活用》や《関係変化への気づきと活用》により、得られており、その都度アセスメントしている点を指摘しておきたい。

カテゴリー【援助展開の促進】は、他の全てのカテゴリーの基盤になるものとして位置づけられていた。

8）コアカテゴリー【持てる力を高める】

ホームヘルパーは、利用者の自立を促す援助展開において、とりわけ利用者の持てる力を高めることを援助目標とする場合が多い。その持てる力の交互作用は複雑であるため、全体の流れを把握した相談援助が重要である。

①概念《肯定的交互作用の流れづくり》

《肯定的交互作用の流れづくり》とは、利用者の否定的側面の軽減、行動や感情、知覚・思考などの肯定化への方向性を模索し、その時・その場でその流れをつくっていくこと。

今まで見てきたカテゴリーや概念間の関係は、複雑であったが、交互作用をもつ一定の流れがあることがわかった。

例示は、《その気にさせる体験づくり》や《見守りながらの促し・習慣化》などを参照してほしい。

②コアカテゴリー【持てる力を高める】における概念、及び他のカテゴリーの概念との関係

最初のストーリーラインを参照されたい。また、各カテゴリーとの関連については、各カテゴリー部分を参照されたい。

8．M-GTAの体験的考察

1）概念生成の困難性

最初の概念生成に困難性を感じたことは、第1に、データサンプリングの際に、文脈から概念を浮上させるのではなく、データからラベルづくりをし、それらをグループ編成し、表札づくりをするといったＫＪ法で用いられるような作業になりがちであった。それにより、プロセスの見えにくい命名にとどまりやすかったことである。第2に、利用者、ホームヘルパー、両者の交互作用という3つの構成要素からなるホームヘルプのどこに焦点を置くかといった、分析焦点者の設定の点で揺れてしまいがちであったことである。スーパービジョンにより、分析者の視点をホームヘルパーの相談援助という行為に注目できた。第3に、ある特定のデータに着目した時、いきおいソーシャルワークやカウンセリングの既成の概念で解釈しがちになったことである。そのことにより一般的すぎる解釈しかできなくなり、結局はデータを的確にとらえる概念の生成の妨げに

なったように思われる。

2）ベース・データの選択と理論的サンプリングの適切性

　木下は、オープン・コーディングの最初にバリエーションに富んだケースを分析する有効性を指摘しているが[15]、自らの実践をもとに論文発表するなど相談援助についてすぐれて実践をおこなっていると考えられるホームヘルパー[16]に最初のインタビューを行うことができたことから、多くの概念を生成することができた。

　当初インタビューを行った7人から比較的豊富なデータが得られたが、対極例の検討など追加的に理論的サンプリングに必要なデータ収集のためにさらに3人にインタビューを追加してお願いした。これは、実践での応用を見据えて理論的飽和化の作業を行う過程で必要と判断したのであったが、次項に示すようにM-GTAを用いた研究の困難さとともに研究方法としての精緻さを実感する体験となった。

3）結果図作成と理論的飽和化の困難性

　結果図作成にあたって大きく2回ほど書き直してきた。1回目は身体介護や生活援助といった特定の日常生活場面にとらわれ、また座標として時間軸を位置付けたため一方向的な結果図となり、ホームヘルパーの生活場面面接の力動的なプロセスが見えないものとなった。2回目は分析焦点者をホームヘルパーにしながらも、ホームヘルパーと利用者との関係性に固執し、例えばホームヘルパーを□印で描き、利用者を○印で描くといった関係図にしたことにより、かえって生活場面面接の主体であるホームヘルパーの姿が見えにくいものになった。こうし

た経過を経て、最終的な結果図に近いものとなった。

この段階から、理論的サンプリングをおこなうとともに結果図をホームヘルパー研修などで活用したり、研究する2人の人間が成長・変化することにより、概念定義の表現なども微修正されていった。筆者らの場合、分析に長期間を費やしたが、できるだけ短期間で集中し、理論的飽和化の判断への思い切りをつけることをお勧めしたい。

4）共同研究の意義

筆者らの研究は、もともとケアワークとソーシャルワークという両方の専門的視点から分析をすすめるために共同研究という形態をとったが、ホームヘルパーを分析焦点者としており理論的飽和化のために、主たる分析者としては筆者らのひとりがあたることになった。分析過程に複数の視点があったことは、解釈を深く多面的にかつ緻密化でき、研究する人間が前面に出るM-GTAの分析結果に対して、客観性の観点からも、査読者の理解を得られたように思われる。

5）投稿論文への査読対応

分析方法の記述は、木下の提案をもとに最小限に留め、査読者からの指摘に回答することとした。2人の査読者より、次のような5点の指摘をいただいた。①GTAによる論文が多くなっているため、M-GTAによる模範的論文にしてほしい。同時に科学的な研究方法としての厳密さが不十分な点を検討すること、②概念やその定義、及びカテゴリーの用語について、他者の理解を得やすいよう修正を求める、③研究者の視点に関して、「ソーシャルワークの視点」と「ケアワークの視点」につい

ての説明を求める、④分析テーマとの関連で M-GTA の限界についても一言触れること、⑤ M-GTA を用いた研究であるため規定字数を超過することはやむを得ないが、全体量を削減すること。このように、両査読者ともに M-GTA を用いた研究の意義をご理解いただいていると思われるものであった。

　これらの指摘に対して、①〜④については、M-GTA の特性説明することによって回答し、①と⑤については、加筆修正するとともに、今後の課題として「応用者、応用する人間による検証」を強調した。②については、分析テーマをふまえて回答し、概念やカテゴリーで用いた用語については最小限の修正に留め、定義についてはわかりやすく簡潔にという観点から修正した。③の指摘は、研究する人間を表現する意図で、「〜の視点」としたことで混乱を招いたと考え、「〜の立場」と修正した。以上のように、論文としての修正は最小限に留めることができたが、同時に査読を受けることにより、M-GTA を用いた研究論文として、他者により理解を得られやすい方向で改善できたのではないかと思われる。

6）事例研究法による図式化と M-GTA による結果図を比較して

　事例研究法の結果による図式化（第1章 3の2）の図）と M-GTA による結果図（本章 5の1）の図）とを比較して、明らかに異なる特徴は、第1に、前者は一方向的な流れを示しているのに対して、後者は円環的な流れを示している。第2に、前者では段階的流れの各々に、当該事例の具体的な内容を表示でき、事実としてそれ以上でも以下でもあり得ないが、後者ではいくつかの特定の内容を表現したものとなっており、意味の

深さもある。第3に、前者では特定の事象をラベリングした概念に過ぎないが、後者では当該事象を越えて普遍的な概念が命名されていることがわかる。

　すなわち、事例研究法による特定事例に限定されたプロセス図に対して、M-GTAによる結果図は、一定の範囲ながら分析テーマの複雑な相互関係を表現した普遍的なプロセスを描いており、実践者への現任研修でも評価されたものである。

9．生活場面面接の」体系化に向けて
　〜M-GTA活用の展望〜

1）ケアワークにおける生活場面面接の解明

　筆者らは、「ホームヘルパーによる生活場面面接が利用者の『持てる力を高める』プロセス」という分析テーマについては初期の目標を達成することができた[17]。従来、ホームヘルパーの行う相談援助はソーシャルワークやカウンセリングにおける技法を適用したものとみなされてきたが、M-GTAを用いた研究結果により生活場面面接のプロセスを一定解明することができたということである[18]。

　当面する課題として、第1に今回、分析に活用したバリエーションやそこから生成した概念から生活場面面接のプロセスを整理したが、これらがホームヘルパーにどの程度理解され受け入れられるかということ、第2に実践上の有用性を検証すること、第3にあらたな研究課題として研修プログラム開発を計画しているのであるが[19]、すでにホームヘルプ実践現場からの研修の要請が始まっており、そうした現場のニーズへの対応が求められているということである。

2）ソーシャルワークにおける生活場面面接の検討

　ホームヘルプ実践における生活場面面接のプロセスの明確化にあたっては、M-GTA は極めて有用な研究方法であった。そこで、我々はすでにソーシャルワークにおいても同様の方法を用いた分析に着手しているが、理論的飽和化の点で十分な分析に至っていない。ホームヘルパーによる生活場面面接をもとに M-GTA により生成した概念の多くは、ソーシャルワーカーによる生活場面面接にも適用されるものと考えられるが、居宅高齢者の生活支援において社会福祉領域ではホームヘルパーとソーシャルワーカーとの協働が求められることから、あらためてソーシャルワークにおける生活場面面接のデータにもとづくプロセスと技法の概念化を図ることが目下の研究課題である。

注
1) 木下康仁、ライブ講義、弘文堂、2007 年、69 頁。
2) 木下康仁、同前書、2007 年、85 頁。
3) 木下康仁、同前書、2007 年、87 頁。
4) 木下康仁、同前書、2007 年、87 頁。
5) 木下康仁、同前書、2007 年、87 頁。
6) 木下康仁、同前書、2007 年、87 頁。
7) 木下康仁、グラウンデッド・セオリー・アプローチの実践－質的研究の誘い、弘文堂、2003 年、131 頁。
8) 嶌末憲子・小嶋章吾、在宅介護支援センターの協働実践、副田あけみ編、介護保険下の在宅介護支援センター、中央法規出版、2004 年、218-234 頁。
9) 小嶋章吾・嶌末憲子、利用者のエンパワメントを生み出すホームヘルプの相談援助～生活場面面接の活用に向けて、ヘルパーネットワーク、51、全国社会福祉協議会、2004 年。

10) 小嶋章吾・嶌末憲子、ケアワーカーによるコミュニケーションの重要性〜意図的な「言葉かけ」と生活場面面接の活用、ふれあいケア、10(7)、2004年19-21頁。
11) ホームヘルパー資質向上のための研究会（代表柴田範子）、小嶋章吾・嶌末憲子・渡辺道代・森山千賀子・滝波順子・上之園佳子ほか編、訪問介護における専門性の明確化と現任研修プログラム開発に関する研究、上智社会福祉専門学校柴田研究室、2003年、に所収の「共同研究者全員のワークシート」。
12) 訪問介護実習研究会編、ホームヘルパー役割と可能性（VTR）、中央法規出版、2004年。
13) 木下康仁、前掲書、2003年、131頁（要約）。
14) 木下康仁、前掲書、2003年、138頁（要約）。
15) 木下康仁、前掲書、2003年、131頁。
16) 森永伊紀「ホームヘルパーのはたらきかけ」、世田谷対人援助研究会編『ホームヘルプにおける援助「拒否」と援助展開を考える』筒井書房、1999年、26-39頁。
17) 嶌末憲子・小嶋章吾「高齢者ホームヘルプ実践における生活場面面接の研究〜M-GTAを用いた利用者の『持てる力を高める』プロセスの検討〜」、2005年、105-116頁。
18) 小嶋章吾・嶌末憲子「利用者のエンパワメントを生み出すホームヘルプの相談援助〜生活場面面接の活用に向けて〜」、『ヘルパーネットワーク』No.51、全国社会福祉協議会、2004年、2-7頁。；小嶋章吾・嶌末憲子「ケアワーカーによるコミュニケーションの重要性〜意図的な「言葉かけ」と生活場面面接の活用」『ふれあいケア』10(7)、中央法規、2004年、19-21頁。
19) 小嶋章吾・嶌末憲子「社会福祉実践における生活場面面接の理論と方法の体系化に関する研究〜実践的技法と教育訓練プログラムの開発〜」(平成16年度〜18年度科学研究費補助金（基盤研究C))

第3章
研究者による「生活場面面接体系化のための プロセス理論」の修正

1．教育・研修を通じた修正

1）「生活場面面接体系化のためのプロセス理論」の研究者による修正

　研究者自身による「生活場面面接体系化のためのプロセス理論」の修正は、ヘルパーや介護福祉士などを対象とした現任者研修への活用を通じて着手していたが、体系的な修正を図ることができたのは、日本介護福祉士会によるファーストステップ研修に準備段階から参加する機会を得たことであった。コミュニケーション技術に関する研修の試験的な実施とともに、いくつかの県のファーストステップ研修において、「コミュニケーション技術の応用的な展開」を担当してきた。

　特に、2007〜2012年度の6年間にわたって担当した、新潟県介護福祉士会が主催するファーストステップ研修では、生活場面面接をテーマとする「コミュニケーション技術の応用的な展開」の講義及び演習を担当し、受講者の作成による「生活場面面接ワークシート」を分析する機会を得た。「生活場面面接ワークシート」は、生活場面面接の実践者自身が自らの実践をもとに「生活場面面接プロセス概念」や技法などを記載できるよう、研修用の教材として筆者らが考案したものであるが、研

修の受講生には、「生活場面面接ワークシート」を研究に使用することについてあらかじめ了解を得ている。

2）修正のためのデータ収集

　研修の受講者には、事前学習として、M-GTAによる研究成果を紹介したテキスト[1]を読んでもらったうえで、「生活場面面接ワークシート」を記入してもらった。また受講後には、事後学習として受講者に生活場面面接を意図的に実践してもらったうえで、あらためて「生活場面面接ワークシート」の記入と、実践の振り返りについての事後レポートを提出してもらった。

　受講者の事後学習として提出してもらった「生活場面面接ワークシート」は、生活場面面接について学習した上での意図的な実践をもとに作成されたものであるから、M-GTAによる分析対象として有用なデータとなった。また、研修中の受講者からの質問やグループワークにおける様子の観察からも、修正のためのデータを得ることができた。

　以上のようなデータを分析した結果、一部の概念について、その概念面と定義、概念間の関係、変化の方向性、といった4つの面で修正をおこない、「生活場面面接体系化のためのプロセス理論」の結果図にも修正点を反映させた。

　さらに2011〜2013年度には、高齢者福祉領域における介護職員を対象とした生活場面面接及び生活支援記録法に関する研修の実施といった介入研究の結果から、カテゴリー名などの修正も行った。

3）分析データとして活用可能な生活場面面接ワークシート

生活場面面接ワークシート

周囲の状況	利用者の言動	援助者の思い	援助者の言動	意味づけ
ICF：状況・環境	ストレングス：利用者中心・ニーズ	アセスメント：気付き・判断 ※ケアしながらのリフレクション	生活場面面接の実践 ICF：相互作用 生活支援	実践後のリフレクション

　本シートには「周囲の状況」、「利用者の言動」、「援助者の思い」、「援助者の言動」、「意味づけ」という５つの項目について記入できるようにしている。また、記入した場面を取り上げた理由を明記することによって、その場面が援助者にとって困難な場面であったのか、あるいは上手くできた場面であったのかを確認することができる。「生活場面面接ワークシート」を用いることにより、援助者と利用者との相互作用を明示することができるとともに、その根拠を提示することができる。

　M-GTAでは多くの場合、インタビューデータをもとに分析されるが、インタビューによって得られるデータは、インタビューを通じて研究者とデータ提供者との相互作用によって構築されるものの、データ提供者の記憶に委ねられがちであることも否めない。一方、「生活場面面接ワークシート」を用いて得られたデータは、次のような特徴を持つ。第１に、研修によって生活場面面接について理解したうえでのデータが得られること、第２に、業務の一環として研修が実施されることにより、業務で使用している記録をもとに詳細なデータが得られること、第３に、「生活場面面接体系化のためのプロセス理論」を生成した時点（以下、理論生成時と略す。）では、説明力のある概

念を生成するために、ディテールに富むデータ提供が得られるホームヘルパーをデータ提供者として、得られたデータをもとに分析したものであったが、研修で用いた「生活場面面接ワークシート」によって、より一般のホームヘルパーをデータ提供者としてデータを得ることができ、その結果、より一般化しうる「生活場面面接体系化のためのプロセス理論」の深化につながる可能性が示唆された。

　具体的な修正内容は、第2節で詳述するが、主たる変更理由は、次のとおりである。

①概念名や概念の定義に影響を与えるような、より一般的なバリエーションが得られた。

②ストーリーラインの見直しにより、コアとなるカテゴリーをより明示化できた。

③全体的なプロセスの動きに影響を与えるような概念間及びカテゴリー間の交互作用の方向性や強弱が浮き彫りとなった。

④概念間の関係について、新たな交互作用を見い出すことができた。

2.「生活場面面接体系化のためのプロセス理論」の修正結果

1) 修正後の概念名および概念の定義

　生活場面面接についての研修結果や「生活場面面接ワークシート」への記載内容から、「生活場面面接プロセス概念」のなかには、ホームヘルパーにとって理解が困難であったり、より一般的なバリエーションが得られたものがあった。修正した概

念は、本章の3で紹介した「生活場面面接プロセス概念一覧」を参照されたい。

① 《かなえがたい生活目標行為への誘い》は、研修受講者より、理解しにくいとの意見を受け、ホームヘルパーにとってより理解しやすいよう《かなえたい生活目標への誘い》に修正した。

② 《自然な経験的予防対応》は、研修受講者より、最もイメージしにくいという意見があり、《自然で受け入れ可能な予防対応》に修正した。

③ 《秘められていた実感の覚醒》は、バリエーションの追加をもとに、《大切な実感の覚醒・強化》へ修正した。

④ 《安定に導く苦悩への寄り添い》は、「生活場面面接ワークシート」の「意味づけ」欄の記述をもとに、より一般化するために「苦悩」を削除し、《安定に導く寄り添い》に修正した。

⑤ 《見守りながらの促し・習慣化》は、バリエーションの追加をもとに、《関わりながらの促し・習慣化》に修正した。

2）修正後のカテゴリー

理論生成時には、ICF (International Classification of Functioning, Disability and Health：国際生活機能分類) は普及していなかった。だが、ICFがアセスメントのツールとして活用されるようになった今日、研修などで、ICFと結果図との関連についての説明を求められるようになった。例えば、カテゴリー【行動へのはたらきかけ】では、ICFにおける「活動」や「参加」との関係についての質問を受けた。この点は、第4章に紹介するような、オーストラリアにおいても同

様の質問を受け、説明に苦慮した部分であった。理論生成時より、データのうえでは行動には活動と参加の両側面が含まれていたこともあり、カテゴリー名を【行動（活動・参加）への働きかけ】に修正した。M-GTA により生成する理論は、既存の理論をふまえながらも、既存の理論にとらわれるものではないが、実践的な応用されるためにも、既存の理論（ここでは、ICF をさす。）との関係を明示することはやむを得ないと判断した。

また理論生成時には、コアカテゴリーを【持てる力を高める】とし、《肯定的相互作用の流れづくり》の概念が含まれると考え、ストーリーラインを説明してきた。だが、研修の受講生より理解しにくいという意見があった。受講生とのやり取りのなかで、「この場面をきっかけとして（利用者が）元気になっていった」とか、「その後、（利用者は）いろんなことが上手くできるようになった」といったように、利用者の持てる力を高めることにおいて好循環が起こっていることを表現する必要が明らかになった。そこで、コアカテゴリーを【持てる力を高める連鎖】と修正した。

3）修正後の全体の動きを示す変化の方向性

理論生成時にデータ提供者となったホームヘルパーは、熟練したホームヘルパーであり、上手く対応できた事例や場面におけるデータを分析していたため、利用者の変化は、利用者の持てる力を高める大きなプロセスを促進するという方向性が明確であった。だが、「生活場面面接ワークシート」によって得られたデータからは、【援助展開の促進】と【生活環境・関係性の構築】を繰り返しながら、【生活や人生に対する意欲への働き

— 第3章 研究者による「生活場面面接体系化のためのプロセス理論」の修正

かけ】と【意思・価値観の尊重】を重視していることが分かった。つまりこれらのカテゴリー間の交互作用の強さを確認することができた。このことは、事後学習のレポートからも、特に日々、利用者の意思や価値観を大切にしながら、利用者の意欲を高め、その人らしさの発揮を促しているとの記述が散見された。

4）修正後の結果図

修正後の結果図は次のとおりである。斜体 / 下線部は修正箇所を示す。また、両方向の矢印は追加又は追加したものである。

この結果図を研修の教材として使用できるよう、日本ホームヘルパー協会の機関誌『ホームヘルパー』に掲載しようとした。

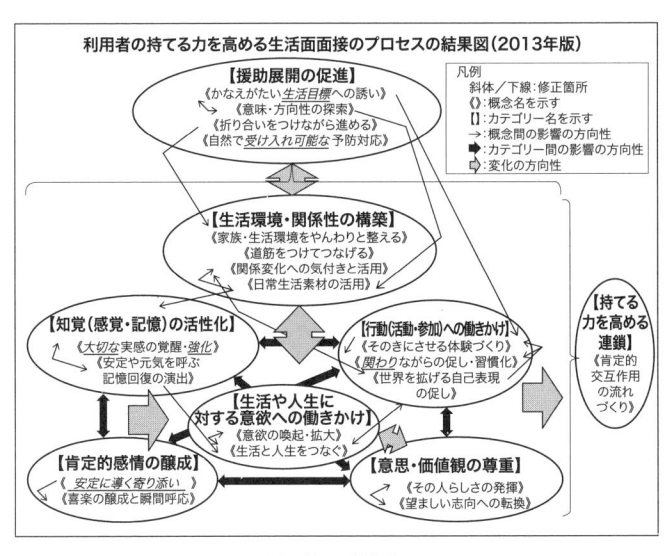

利用者の持てる力を高める生活面面接のプロセスの結果図（2013年版）

凡例
斜体 / 下線：修正箇所
《》：概念名を示す
【】：カテゴリー名を示す
→：概念間の影響の方向性
➡：カテゴリー間の影響の方向性
⇩：変化の方向性

【援助展開の促進】
《かなえがたい*生活目標*への誘い》
《意味・方向性の探索》
《折り合いをつけながら進める》
《自然で受け入れ可能な予防対応》

【生活環境・関係性の構築】
《家族・生活環境をやんわりと整える》
《道筋をつけてつなげる》
《関係変化への気付きと活用》
《日常生活素材の活用》

【知覚(感覚・記憶)の活性化】
《大切な実感の覚醒・*強化*》
《安定や元気を呼ぶ記憶回復の演出》

【行動(活動・参加)への働きかけ】
《そのきにさせる体験づくり》
《関わりながらの促し・習慣化》
《世界を拡げる自己表現の促し》

【生活や人生に対する意欲への働きかけ】
《意欲の喚起・拡大》
《生活と人生をつなぐ》

【肯定的感情の醸成】
《安定に導く寄り添い》
《喜楽の醸成と瞬間呼応》

【意思・価値観の尊重】
《その人らしさの発揮》
《望ましい志向への転換》

【持てる力を高める連鎖】
《肯定的交互作用の流れづくり》

修正後の結果図

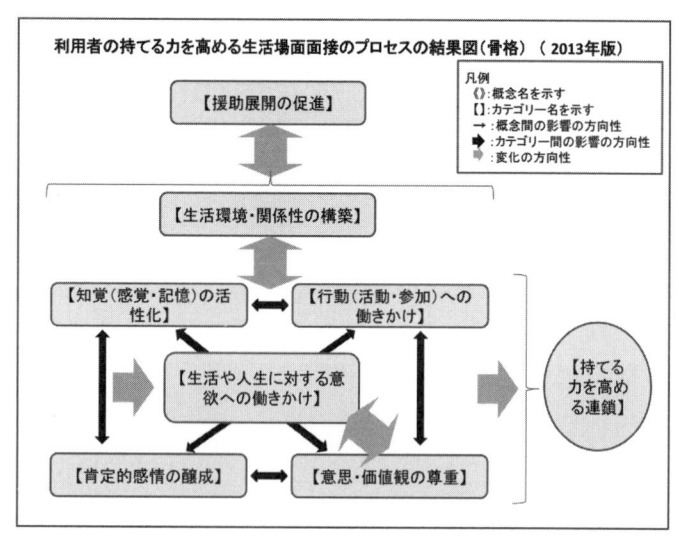

```
利用者の持てる力を高める生活場面面接のプロセスの結果図(骨格) (2013年版)

                    【援助展開の促進】            凡例
                           ↕                {}:概念名を示す
                                            【】:カテゴリー名を示す
                  【生活環境・関係性の構築】       →:概念間の影響の方向性
                           ↕                ➡:カテゴリー間の影響の方向性
        【知覚(感覚・記憶)の活    【行動(活動・参加)への            :変化の方向性
           性化】             働きかけ】
           ↕       ↘    ↗     ↕                    【持てる
                【生活や人生に対する意                   力を高め
                欲への働きかけ】                       る連鎖】
           ↕       ↗    ↘     ↕
        【肯定的感情の醸成】  【意思・価値観の尊重】
```

図 骨格(カテゴリー)のみ示した結果図

その段階で、機関誌の編集者より、結果図は研究成果そのものではあっても、教材として使用するには複雑で分かりにくいのではないかとの指摘を受けた。また受講者からも、複雑すぎる結果図は理解しにくいとの声も聞かれた。さらに、介入研究の協力者からは簡単な図から複雑な図へと理解の深まりに応じて段階的に示してほしいとの要望もあった。そこで、教材としては結果図を簡略化し、矢印についてはカテゴリー間の影響や変化を示すものにとどめた。

結果図は、M-GTAによる研究結果を一覧にしたものではあるが、研究結果を普及しようとする場合、複雑すぎる結果図を提示することによって、かえって研究結果の普及を阻害することになるとすれば、それは本末転倒であろう。特に、研究結果の実践面での応用が期待されることから、実践者にとって理解

される研究結果の提示のあり方が求められる。その試みが、生成した概念の漫画化や結果図を骨格（カテゴリー）のみで示した教材作成であった[2]。

なお、骨格（カテゴリー）のみで示した結果図の作成は、資料6に示したような、生活場面面接のプロセスの可視化に貢献できた。

木下は、M-GTAによる理論生成にあたって、3つの側面でのインタラクティブ性を指摘している。第1に、データ収集時の研究者とデータ提供者とのインタラクティブ性、第2に、データ分析時の研究者と分析焦点者とのインタラクティブ性、第3に、研究結果の実践への応用時における研究者と応用者とのインタラクティブ性である[3]。これらに準じて、研究結果を応用者にどのように提示するかに際しての、教材の編集者や実践者とのインタラクティブ性も重要な側面であるといえるだろう。

以上のように、筆者ら自身が、「生活場面面接体系化のためのプロセス理論」について、専門職を対象とする研修結果をもとに修正したことは、M-GTAでいう「応用のための最適化」[4]を意味している。このような修正が可能となったのは、「生活場面面接ワークシート」を用いて、実践者自身が自らの実践をもとにプロセス概念や技法などを記載できるようにしたためである。2005年論文では、M-GTAによる分析データをインタビューデータからのみ得たが、現在では分析焦点者自身が記入することのできる「生活場面面接ワークシート」から得られたデータが分析データとして活用できるようになっている。

注
1) 嶌末憲子・小嶋章吾、介護におけるコミュニケーション技術、介護職員関係養成研修テキスト編集委員会編、コミュニケーション技術（介護職員養成実務者研修テキスト 第3巻）、長寿社会開発センター、7-34、66-85頁。
2) 嶌末憲子・小嶋章吾、生活場面面接を学ぶ 第1～3回、日本ホームヘルパー協会、ホームヘルパー、2013年4-6月、№443-445．
3) 木下康仁、ライブ講義M-GTA、弘文堂、2007年、88-99頁。
4) 木下康仁、同前書、2007年、76頁。

— 第3章 研究者による「生活場面接体系化のためのプロセス理論」の修正

3．生活場面面接プロセス概念一覧

嶌末憲子 (埼玉県立大学)・小嶋章吾 (国際医療福祉大学) 作成 (2013年)

(1)カテゴリー【援助展開の促進】

概念	定義	例示
意味・方向性の探索	利用者の言動や生活行為、生活環境、周囲との関係等の現象から、生活の流れに即した関わりを通じ、その意味から要望や方向性を探っていくこと。	味噌汁を食べているという利用者に、「味噌汁の身は何を作るの？　何を入れるの？」って聞くと、「うん〜、何かね〜」っていう感じ。「今ごろだと大根がおいしいんじゃないの？」って聞くと、「うんうん」って言うんだけども、何も作って食べていないのが分かるんですね。
かなえがたい生活目標への誘い	利用者には実現困難と思われる願望をも察したり、意欲を醸成し、生活行為の目標として利用者の状態やペース等に合わせ、好機をとらえ工夫しながら誘っていくこと。	家の中がすごかったので、もう少しきれいな環境で暮らせるようにっていうのは目的だったんですね。だから少しずつ「この辺ちょっときれいに拭いておきましょうか？」っていうふうに。今日はテーブルの上、明日は窓の桟とかしていく間に、利用者がだんだんと、「本当はもっとね、いつもきれいにしてたいんだ」って言い始めまして。利用者と話をする中で方向性が見えて利用者も変わってきて、身辺ができるようになった。
自然で受け入れ可能な予防対応	利用者が不安や嫌悪感を感じないよう、様子を観ながら、望ましい行動や状態・環境・関係を図る等、心理・身体・生活・社会的悪化を経験をふまえて予防していくこと。	亡くなった母親を求めて外に出て混乱する利用者に対して、話を聴きながらしばらくして「お母さんの写真だね」と仏壇を見ながら話をするなど、本人を否定しないようにお母さんが仏壇のなかの写真にいることを思い出してもらうようにしている。また日頃より仏壇を拝んだりすることで、利用者が嬉しそうに話せるようになり徘徊が減っていった。
折り合いをつけながら進める	利用者・家族の話に対して曖昧な反応をとることにより、話の促進やトラブル回避、関係を保とうとすること。	利用者が家族の言いたくない部分を『そうね』と同意してしまうとか、お互いに納得してしまってはいけないことなので、そういう返事のしにくい部分に関しては、『フフフフ。』という感じで良い意味でのごまかしや、顔を見てニッコリ笑うとか、そういう返事の仕方も構わないと思うんです。……良い意味での曖昧さという場合があるんですよ。

97

(2) カテゴリー【生活環境・関係性の構築】

概念	定義	例示
日常生活素材の活用	利用者の日常生活素材（なじみの物や好きな物等）を意図的に活用し、生活や関係性の好転、言語化や感情・知覚等への働きかけを展開していくこと。	話のきっかけとなる品々がいっぱいある。料理を作りながら「何が好きなの？」、「焼き魚」、「魚は何が好きなの？」、「何とかが好きだ、これ子供の時によく食べた魚で……」と、子供の頃の話が出て、そこから人生の話になる。こんなネタは一杯ある。
関係変化への気づきと活用	利用者が生活改善や信頼の深化に伴って、スイッチが入ったように外に関心を拡げたり、本音をつぶやく等の関係変化をとらえ、機を逃さず次の展開に活用すること。	デイサービスに無関心だった利用者への対応について、「「そこ行くと、食事みんなでしたりいろんなことがあるのよ」って、いかに楽しい所であるかを言い続けて半年くらい経ったある時、「あそこ行って見たらどう？」って誘ってみると、「行ってみる」って言い出したものですからね、これはしめたと思って一緒に見学に行くようにしてもらい、気に入って行き始めたんですね。
家族・生活環境をやんわりと整える	利用者・家族との関係が維持・好転するように配慮しながら、利用者の本音や願い、家族の立場について、実現や解決に向け相手にやんわりと伝えること。	『○○さん、あんまり好きじゃないみたい。』と家族にやんわりと伝える。家族に利用者の気持ちが伝わり、『ああそうね、何が好きだって言ってた？』と聞かれ、『○○が食べたいみたいよ。』」と応える。すると、家族の利用者への対応が変わり（好みの一品がテーブルの上に載っている）、利用者に変化が見られるようになる（使えなかった箸が使えるようになる）。」
道筋をつけてつなげる	課題を発見したり相談を受けても、その場での解決が難しい場合は、その時、利用者が納得できる程度の道筋をつけたり情報を得て、他者や次回へつなげること。	「どこへ何を聞いたらよいかという、案内役というか、それには有る程度、利用者さんお相談の道筋をつけてあげられる、判断はできませんけれども道筋を紹介してあげられる……。」

(3) カテゴリー【肯定的感情の醸成】

概念	定義	例示
安定に導く寄り添い	利用者の状態をあるがままに受容したり、寄り添って現実を共有することで利用者の心理的安定を図ること。	意識的な働きかけがないと、過去だけ振り返ってしまう。そこから先が大事で、「一緒に買い物に行ってみない？」など、その人らしい方向性を考えながら次につなげていかなければいけない。

― 第3章 研究者による「生活場面接体系化のためのプロセス理論」の修正

喜楽の醸成と瞬間呼応	利用者の喜びや楽しみ、穏やかさ等の感情を醸成するとともに、それを表現した際、呼応するように共感を示すこと。	今までオシメにウンチしていた便秘気味の利用者に排便を促すケアを試みていると、「出たい気がする」と、トイレに行きポトンと音がすれば、「あっ出た！良かったね～」と言ってオシメ外しの方向にもっていった。

(4) カテゴリー【行動への働きかけ】

概念	定義	例示
その気にさせる体験づくり	利用者にとって望ましい体験ができるかどうかの分岐点を利用して、ひと押しするような賞賛やユーモア、うながしや気をそらす等により、その体験の積み重ねを図っていくこと。	今日は体調が良く、みな食べられたのかなということを確認して、散歩に誘うと、「そうだね、廊下だけでも」と本人の口から出て、「じゃあ着替えどうしましょう」とか、ステッキを持つ姿に「恰好いいじゃないですか」と言うと、着替えるという億劫な気持ちが取り除けますよね。……時間はかかりましたけど、変化は見られました。
関わりながらの促し・習慣化	援助目標に沿って生活行為を見守り、共に行う等の関わりを通じて、主体的な生活行動を拡大させ、維持・定着化を図るために、日常生活に織り込んでいくこと。	「昔こんなことやったよね」と、縫い物している時でも残っている力はその方にどの程度あるのかなっていうことを頭の中で考えながら、「今度は糸通しでもしてもらおうか」とか、洗濯物をたたむのでも「じゃあ、一緒にやろう」と言ってその人の動きを見ながら、これだったらできるかな、っていうのを見極めている。
世界を拡げる自己表現の促し	多様な関わり場面をとらえ、利用者の感情や関心を拡げたり、新たな体験につながるような自己表現の機会を促していくこと。	きりのいいところまで掃除が済んでお話を聞いても良いのですが、利用者はその場で直に聞いて欲しかったんですね。そうでないと忘れちゃったりする。利用者が今話したければ、直に応じなければいけないんですよね。「全部終わってから話しを聞きますね」って言うと、「じゃダメだ」ってなる。もちろん「後でお話ししましょうね」と言って落ち着くと分かっている人もいます。

(5) カテゴリー【生活や人生に対する意欲への働きかけ】

概念	定義	例示
意欲の喚起・拡大	ケアを通じて表現しなかったり、潜在的であったニーズを呼び起こし、主体的な生活・行動を生む意欲へとつなぐこと。	ヘルパーが入るようになって、寝たきりの方で今まで食べることに興味がなかった方でも、「あれが食べたい」とおっしゃられる。

生活と人生をつなぐ	人生の振り返りが進むように助け、人生の肯定的に意味づけを強化し、現在の生活とつなげ、前向きにとらえられるようにすること。	ちょっとしたことからポツリポツリと切り出す。その中で自分の人生を振り返りながら、自分の置かれている状況や困っていること、希望や願いは言語化されないとなかなか自覚できない。最初はそういう昔の思い出話から始まったりする。かつての自分らしい生活や嬉しく感じたことなどを呼び覚ましながら、今に引きつけている。

(6) カテゴリー【意思・価値観の尊重】

概念	定義	例示
その人らしさの発揮	役割を引き出したり、意思・価値観の尊重等により、自信の回復やその人らしさを発揮できるよう、工夫や演習つを重ねて促していくこと。	「私、もう死ぬだけだから何もしないでちょうだい」と言うから、そこから先が大事で、意識的な働きかけがないと、具体的に生活をどうしたいとか、サービス利用だとか、「わからないから、一緒に買い物に行って教えて」とか、次に繋がっていかなければならない。
望ましい志向への転換	現状認識をふまえながらも、本人が持てる力を感じたり、自分自身を尊重し、将来や生き方を展望する等、前向きさが見受けられた際に、望ましい志向をうながすこと。	申し込んでいた特養の順番がきて、迷って断ったことを悔やんでいましたが、私は「いいのよ、ここに（在宅）にいて。あなたの権利なんだから」と言いました。「そう考えてもいいんだね」と言って、在宅で暮らすようになった。

(7) カテゴリー【知覚（感覚・記憶）の活性化】

概念	定義	例示
大切な実感の覚醒・強化	ケアに溶け込むような自然な声かけによって、呼び起こされた利用者の季節感や爽快感、生活感等、様々な実感を十分に感じてもらい覚醒・強化を図ること。	車いすを押して外へ出る……（利用者が）「この花きれいね」って言う……感じたことを思わず口に出したことなのでそのまま行っちゃうと、それは意識化されない、独り言だから。それをヘルパーととらえて、「ああ、この花きれいだね」と言うことで、花がきれいだと思っている自分を感じ取ることができる。

安定や元気を呼ぶ記憶回復の演出	利用者自身や生活への無欲・混乱等に対して、生活体験やケアにフィットしたうながし・演出により、安定や元気の拠り所となる記憶や感覚の回復を意図的に図ること。	利用者が仏壇に花を供えていた習慣を利用者が元気であった頃の生活の拠り所であったと考え、それができなくなった利用者の気持ちを察し、仏壇に花がある記憶・状況をさり気なく継続できるようにと、仏壇に花を供えた利用者の生活を演出していた。

(8) カテゴリー【持てる力を高める連鎖】

概念	定義	例示
肯定的交互作用の流れづくり	利用者の否定的側面の軽減、行動や感情、知覚・思考などの肯定化への方向性を模索し、その時・その場でその流れをつくっていくこと。	臆病がって散歩に出たがらない利用者を何度も散歩へ誘うことを試み、ユーモアや賞賛しながら一押しする好機を逃さず、利用者をその気にさせて体験してもらったり、「気持ちいいよ。」といった清拭の促しや、薬の内服ができない利用者への楽しみを感じてもらいながらの勧め等。

嶌末憲子・小嶋章吾「高齢者ホームヘルプ実践における生活場面面接の研究～M-GTA（修正版グラウンデッド・セオリー・アプローチ）を用い利用者の「持てる力を高める」プロセスの検討～」、『介護福祉学』12(1)、2005 年、105-117 頁、にて発表し、その後一部修正。

嶌末憲子・小嶋章吾「介護におけるコミュニケーション技術」、『コミュニケーション技術』、長寿社会開発センター、2014 年、75-76 頁。

第4章

M-GTAを用いた生活場面面接研究の応用例

　本章では、「生活場面面接体系化のためのプロセス理論」をどのように応用し、あるいは応用されてきたかについて、研究面、実践面、教育面、政策面の4つの側面で概観する。

1．研究面への応用

　研究面での応用例は、研究者によるものでは石田好子と佐藤遼の研究に見ることができる。また、実践者によるものでは、山口県ホームヘルパー連絡協議会の研究がある。

1）ホームヘルパーによる生活場面面接の活用（資料1）

　石田は修士論文「ストレングズ視点にもとづいた在宅要支援・要介護高齢者への支援〜ホームヘルパーによる生活場面面接の活用〜」において、研究方法としてA県のB訪問介護事業所におけるヘルパー3人に対して、「生活場面面接体系化のためのプロセス理論」を提示し、それぞれ2人ずつの利用者、合計6事例に対して意図的に生活場面面接を実施してもらい、事例記録及びヘルパーに対する面接調査をもとに分析した。その結果、生活場面面接によって、①潜在的ニーズを把握し、利用者の状況を継続的に理解することに有用、②心理的援助の提供

と、利用者のストレングズによってヘルパーが励まされるという相互交流が生まれる、と結論づけている。本研究は、居宅の高齢者を対象とするホームヘルプ実践という、筆者らと同一領域において、生活場面面接の実施結果をストレングズ視点から分析したものであり、独創的な点は、「生活場面面接体系化のためのプロセス理論」を現任のヘルパーに教示したうえで実践してもらい、その実践結果を分析し、同理論を直接的に検証していることにある。

2）特別養護老人ホームのケアワーカーによる生活場面面接の活用（資料2）

佐藤は修士論文「特別養護老人ホームのケアワーカーが生活場面面接が行える条件」において、研究方法として、「生活場面面接体系化のためのプロセス理論」をもとに生活場面面接のスキルを設定し、その実施状況を分析するために、A市内の特別養護老人ホーム10施設、320人のケアワーカーにアンケートを実施し、288人（有効回答率74.3%）の回答を得た。その結果、生活場面面接の知識の有無が生活場面面接のスキルの実行に影響を及ぼしていることが明らかになったとしている。本研究は、社会福祉施設の高齢者を対象とするケアワーク実践という、筆者らと同じ高齢者福祉領域ではありながら、入所施設における生活場面面接のスキルの実施状況を分析したものであり、独創的な点は、「生活場面面接体系化体系化のためのプロセス理論」から、生活場面面接のスキルを抽出した点にある。これは筆者らの研究をより実践的に応用する一歩としての意義を持つ。

3) ホームヘルパー自身による実践研究（資料３）

　山口県ホームヘルパー協議会は、山口県介護保険研究大会において、2006年度と2007年度の２年連続で発表している。2006年度の発表は、「利用者の自立支援を促すサービス提供について」と題し、「生活場面面接ワークシートを利用し、利用者のエンパワメントを図る」ことのできた場面を分析した研究である。また2007年度の発表は、「介護予防事業における自立支援のあり方」と題し、「生活場面面接ワークシートを利用し、声かけしていく力を身につけると共に利用者のエンパワメントを図る」ことのできた36事例をもとに、生活場面面接・事例集を作成したという報告である。これらの研究発表には、全国ホームヘルパー協議会の機関誌に掲載された筆者らの連載記事を参考文献としたことが記されている。

　さらに2011年度には、同協議会に所属する訪問介護事業所のヘルパー入江幸子（サービス提供責任者）らによって、「生活場面面接の向上－連絡票の活用－」と題し、「利用者との会話を専門職としてどう留意すべきか。責任者の指導技術向上とヘルパーの面接技術向上を図る。」という問題意識のもとで研究発表を行なっているが、これは「生活場面面接体系化のためのプロセス理論」をもとに、独自の「連絡票」の作成と研修を実施するという実践報告となっている。

２．実践面への応用

　実践的な応用例には、特別養護老人ホームにおける活用と居宅介護支援事業所の介護支援専門員による活用を挙げることができる。いずれも筆者らとの共同研究の一環として実施した

ものである。

1) 入所施設での試み
～特別養護老人ホームこうめの里における研修～（資料４）

　社会福祉法人秋葉福祉会が運営する特別養護老人ホームこうめの里（新潟県）では、2011年の開設年度より、事務局長の宮崎則男氏との協働により生活場面面接と生活支援記録に関する研修を実施してきた。筆者らが受けた科学研究費補助金基盤研究Ｃ「多職種連携に有用な高齢者福祉実践の向上を促進する「生活支援記録」の開発と検証」（研究代表者　嶌末憲子、2011-2014年度）をもとに、2011年度は理論研修を実施し、2012年度から2013年度にかけて実践研究を行った。研修の対象者は特別養護老人ホームという入所施設における介護職員であるという点でヘルパーとは異なるが、本研究の結果、「生活場面面接体系化のためのプロセス理論」の一部修正を行なった。

2) ケアマネジャーによる活用の試み
～生活クラブ生協における研修～（資料５）

　福祉クラブ生活協同組合が運営する居宅介護支援事業所オプティ港北（神奈川県）は、さまざまな介護事業所を併設し、参加型福祉をめざしている。筆者らはオプティ港北の介護支援専門員である横塚満里氏の協力を得て、上記と同様の研修を実施した。研修の受講者は、居宅介護支援事業を担当する介護支援専門員であるという点で、ヘルパーのように介護をしながらおこなう生活場面面接とは異なるが、研修後のリフレクションを通じて、「生活場面面接体系化のためのプロセス理論」の有効性が確認された。

3．教育面への応用

1）多領域にわたる研修と教材作成（資料6）

研修については、民生委員・児童委員の研修依頼を端緒として[1]、これまでにホームヘルパー[2]、生活支援員（福祉サービス利用援助事業）[3]、介護支援専門員[4]、介護福祉士[5]、をはじめ、社会福祉士、医療ソーシャルワーカーといった多職種からの依頼を受け実施してきた。

教材作成については、介護職員の現任者を対象としたテキスト[6]やホームヘルパーの職能団体の機関誌への連載[7]、社会福祉士を対象とした生涯研修のためのテキスト[8]の執筆依頼を受けてきた。また、社会福祉士養成課程向けのテキストには[9]、「こうした実践（利用者理解の重要性と関係性としての介護：引用者註）のためには、（中略）介護者との関係性の中で利用者のもてる力（ストレングズ）を発見し、その力を高めていくプロセスの研究、（中略）などは示唆に富む」と、「生活場面面接体系化のためのプロセス理論」の一端が紹介されている。ついでながら、この引用部分においては省略したが、同じくM-GTAにより理論生成をおこなった小倉啓子による研究についても紹介されている。こうしたことはM-GTAにより生成した理論が、専門職養成教育に貢献している好例である。

以上のうち、ヘルパー向けの教材についての解題を、資料6で紹介している。

2）海外への提案

(1)国際学会での発表

17th Asia-Pacific Social Work Conference (2003) では、Life Space Interview for the Aged とのテーマで、訪問介護事業所におけるヘルパーと在宅介護支援センターにおけるソーシャルワーカーによる生活場面面接の特徴について報告した[10][11][12]。「生活場面面接体系化のためのプロセス理論」の提示以降は、21th Asia-Pacific Social Work Conference (2011) において、A study on the Training Program for "life Space Interview" とのテーマで、多職種に対する研修結果とケアワークの経験のある介護支援専門員への試行結果について報告した[13][14]。さらに、The 6th International Conference for Interprofessional Education and Collaborative Practice (All Together Better Health Ⅵ) では、A Study on Life Model Approach in ICF & IPW とのテーマで、利用者中心の生活支援に焦点をあてたケアワーカー及び他の専門職の役割において、生活場面面接（ここで初めて、Life Situation Interview の訳を当てた）の効果について報告した[15][16]。

(2)オーストラリアにおける高齢者在宅ケア団体への研修実施の提案（本章の資料）

オーストラリアは、1980年代の半ばより、ACAT (Aged Care Assessment Team) と呼ばれる高齢者ケアにおける多職種によるアセスメントシステムを導入して在宅ケアに力を入れてきた。筆者らが2004年に ACAT (Adelaide) を訪問した際には、日本でいう訪問介護のサービス提供責任者にあたる介護職リーダーらに、下記の資料を示して「生活場面面接体系化の

ためのプロセス理論」を紹介したところ、「私達も実践しているが、それを他職種になかなか分かってもらえない。この図はたいへん分かりやすい」との心強い意見を伺えた。

オーストラリア全域で各種の在宅福祉サービスを提供するBenevolent Society (Sydney) は、同国では最も古い慈善活動団体である。筆者らは同団体の活動に着目し、「生活場面面接体系化のためのプロセス理論」の普及を図るべく、2012年3月に訪問し、コミュニティケア部門の担当者に紹介した。そこで生活場面面接の研修の実施を提案したところ、「研修に活用できる可能性がある」とのことで、受け入れの可能について感触を得ることができた。

資料

For Empowering the Strength of Users
Life Situation Interview Process
By Social Workers/ Care Workers

ENVIRONMENT & RELATIONSHIP

ACTION — FEELING & MOTIVATION

LIVING & LIFE — EMPOWERMENT

MEMORY — SENSE OF VALUE

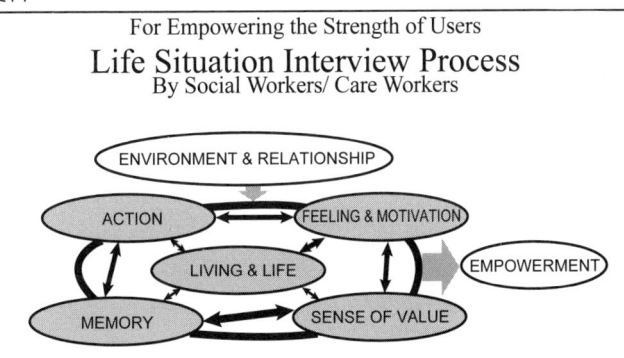

"Life Situation Interview" (LSI) is the intentional communication that utilized the various sides of the user and their environment (living environment, an event, relations with other person) along support target in the daily living of the user.

-Noriko Shimasue & Shogo Kojima, 2005

This definition was led with M-GTA(Dr. Yasuhito Kinoshita) by a study for the workers who became a model.

We have intended for social workers and care workers more than 10,000 people in Japan and have performed the training of the LSI.

Promoting penetration of care activities
- Encourage the user to set incremental targets for achieving daily activities
- Discover meanings and consider future policies
- Keep forward by somehow coming to terms with problems
- Provide natural preventive support based on experience

Establishing the user's living environment and personal relationships
- Gradually improve the family and living environment
- Identify and utilize changes in relationships
- Utilize appropriate elements in daily living

Vitalizing perception (feeling and memory)
- Arouse hidden feelings
- Produce situations that assist the user to recover old memories and develop stability and vitality

Encouraging the user to take action
- Make the user gain such experiences that he/she is tempted to take the desired action
- Make the user gain step-by-step experiences through which he/she is tempted to take the desired action
- Tempt the user to experience the desired actions
- Encourage the user to spontaneously form habits while closely watching over him/her
- Encourage the user to broaden his/her horizons through self-expression

Developing enthusiasm (motivation) for daily living and life
- Arouse needs and expand enthusiasm
- Relate daily living to past and future life

Fostering positive feelings
- Share anguish to nurture stability
- Foster joy and pleasure and make instant responses

Respecting the user's intentions and sense of value
- Bring out the user's individuality and abilities
- Guide the user toward a positive attitude

Empowering the user's strength
- Build a smooth flow of positive transaction

4．政策面への反映

　政策面への影響は、厚生労働省老健局が作成した『地域包括支援センター業務マニュアル』（2006年1月、以下『マニュアル』と略す。）を挙げることができる。ここに生活場面面接が紹介され、その定義として「当事者の日常生活の出来事とその環境や関係性に焦点をあて、日常生活にかかわる場で行われる面接」と紹介されている。

　この定義は、筆者らが、M-GTAを用いた研究による「生活場面面接とは、利用者の日常生活場面において、援助目標に沿い利用者の多様な側面と必要に応じて環境（生活環境、出来事、他者との関係）を活用した意図的なコミュニケーション、すなわち面接である」との定義と明らかに類似性が認められる。特に、定義に用いられている3つのキーワード、すなわち、①出来事、②環境（筆者らは、生活環境としている。）、③関係性（筆者らは、他者との関係としている。）、について共通性を見出すことができる。だが、これら3点について、『マニュアル』では「焦点をあてる」とされているのに対して、筆者らは「活用する」とし、また「援助目標に沿い（中略）意図的なコミュニケーション」として専門性を志向している点で重要な違いがある。『マニュアル』には参考文献や引用文献が掲載されていないので、筆者らの定義が参考にされている証拠を確認することはできないものの筆者らの定義が援用されている蓋然性が高い。

　生活場面面接の定義については、研究者により表現の違いこそあれ、例外なく提唱者であるレドル（Redl, F.）による定義

が踏襲されてきた。その点、筆者らによる生活場面面接の定義は独創性のあるものであるから、仮に筆者らの定義が政策上反映されたとするならば、筆者らにとっては図らずも本望であるといってよい。だが、2007年9月の改訂版の『マニュアル』では、生活場面面接の定義はそのまま踏襲されているものの、2011年6月の長寿社会開発センターの編集となった同『マニュアル』においては、残念ながら生活場面面接の用語そのものが消えている。これは、生活場面面接の定義を紹介するだけでは、活用しかねることを示しているとも言えるだろう。現場の実践に大きな影響を与える『マニュアル』であればこそ、生活場面面接が確固として位置づけられることを強く望みたい。

おわりに

M-GTAによる生活場面面接研究の結果は、ヘルパーはもとより、他領域に対しても生活場面面接に対する関心を喚起してきた。

研究面をはじめ、それぞれの側面で、同じ社会福祉分野であるとはいえ、「はしがき」で述べたように、生活場面面接の明確化のためには、まずヘルパーを分析焦点者とした「生活場面面接体系化のためのプロセス理論」であるが、ヘルパーに限らず、他領域の専門職にも適用できることの可能性が示唆された。

また、いずれの側面においても、研究者の立場だけではなしえず、実践者との協働によってこそ展開できてきたことを確認することができる。これは「応用が検証になる」[17]というM-GTAの特性を反映したものであり、「生活場面面接体系化のためのプロセス理論」そのものも、現時点での到達点にとどま

ることなく、今後も変容を遂げていくものである。

※本章は、M-GTA 研究会第 60 回定例研究会（2012 年 3 月）における発表内容をもとに文章化し加筆修正したものである。

注
1) 筆者らが 2000 年に発表した論文を契機に、東京都民生委員児童委員連合会より、民生委員による相談支援におけるコミュニケーションについて、ホームヘルパーと同様、生活場面面接の概念で説明することができるのではないかとして、2002-2008 年度の 7 年間、同連合会主催の研修を担当する機会を得た。2005 年以降の研修では、「生活場面面接体系化のためのプロセス理論」をもとに演習をおこなった。
2) 全国社会福祉協議会・全国ホームヘルパー協議会主催、平成 17 年度全国ホームヘルパー協議会協議員セミナー「ヘルパーの行う相談業務について～生活場面面接の技法を学び、利用者のエンパワメントを生み出す」の研修を担当した。
3) 全国社会福祉協議会 2005 年度地域福祉権利擁護事業 生活支援員中央現任研修会において、「地域福祉権利擁護事業における生活場面面接」の研修を担当した。
4) 2005-2012 年度まで、とちぎ健康福祉協会が主催する介護支援専門員を対象とする個別援助技術に関する研修を担当し、生活場面面接プロセス理論をもとに演習をおこなった。
5) 2006 年度より開始された日本介護福祉士会のファーストステップ研修において、いくつかの県レベルにおいて、「コミュニケーション技法の応用的な展開」のテーマについて、2012 年度まで研修を担当した。
6) 2001 年度より長寿社会開発センター発行のホームヘルパー養成研修テキストにおいて、ホームヘルパーによるコミュニケーションを生活場面面接の概念によって説明してきたが、2006 年度以降は、あらたに開始となった介護職員基礎研修では、『介護と社会福祉援助技術』の巻（長寿社会開発センター及び全国社会福祉協議会発行、2006-2010 年度）において、また 2012 年度より改定

となった介護職員の初任者研修及び実務者研修のテキストでは、『コミュニケーション技術』の巻（長寿社会開発センター、2012年度〜）において、「生活場面面接体系化のためのプロセス理論」を解説している。

7) 全国ホームヘルパー協議会『HELPER NETWORK ヘルパーネットワーク』No. 51、55、56（2004、2005、2006年）、日本ホームヘルパー協会の機関誌『ホームヘルパー』No. 443-445（2013年）において、連載で「生活場面面接体系化のためのプロセス理論」と研修方法を解説した。

8) 日本社会福祉士会の生涯研修制度において編集されたテキスト『社会福祉援助の共通基盤』（上）が、2004年に改訂された際、面接技法の節において生活場面面接をとりあげる機会を得て、「生活場面面接プロセス概念」を紹介した。

9) 『社会福祉学習双書』編集委員会編、老人福祉論 高齢者に対する支援と介護保険制度、全国社会福祉協議会、2009年、pp.110-111頁。

10) 17th Asia-Pacific Social Work Conference（2003）は、長崎市で開催予定であったが、アジア地域でのSARS 大流行と重なり、急遽中止となったため、アブストラクトのみの報告となった。

11) Noriko Shimasue & Shogo Kojima, Life Space Interview for the Aged (Study1): An Illustration of Home Help under Care Management System, Book of Abstracts, 2003, 88.

12) Shogo Kojima & Noriko Shimasue, Life Space Interview for the Aged (Study2): An Illustration of Social Work in Care Support Centers, Book of Abstracts, 2003, 88-89.

13) Shogo Kojima & Noriko Shimasue, Study on the Training Program for "Life Space Interview"(1): Outcomes from the Training Program to Multidisciplinary Professionals, 21th Asia-Pacific Social Work Conference Proceeding, 2011, 10頁分。

14) Noriko Shimasue, Shogo Kojima, Study on the Training Program for "Life Space Interview"(2): The Trial to Care Management with care Experiences, 21th Asia-Pacific Social Work Conference Proceeding, 2011, 9頁分。

15) Noriko Shimasue & Shogo Kojima, A Study on Life Model

Approach in ICF & IPW #1 –Roles of Care Worker that Focusing on User-oriented Life Support-, All TOGETHER BETTER HEALTH VI (The 6th International Conference for Interprofessional Education and Collaborative Practice), Programme & Abstract Book, 2012, p.440.
16) Shogo Kojima & Noriko Shimasue, A Study on Life Model Approach in ICF & IPW #2 –Effectiveness of the Life Situation Interview (LSI) used by Care Workers and Other Professionals-, All TOGETHER BETTER HEALTH VI (The 6th International Conference for Interprofessional Education and Collaborative Practice), Programme & Abstract Book, 2012, p.432.
17) 木下康仁, ライブ講義 M-GTA, 弘文堂, 2007年, 86頁。

資料　M-GTA による研究結果の応用例

資料1

ストレングズ視点にもとづいた
　　　　　　　　在宅要支援・要介護高齢者への支援
―ホームヘルパーによる生活場面面接の活用―（修士論文）

石田 好子（大原医療秘書福祉保育専門学校）

⑴研究動機と論文骨子

　筆者はホームヘルパーとしての経験を通して、高齢者がたとえ要支援・要介護の状態にあろうと、「強さ」を持っていることに驚かされた。また虚弱な高齢者を援助するという一方向の考え方ではなく、ホームヘルプサービスという限られた枠のなかではあるが、高齢者のライフコースの理解をするとともに、その人の持つ強さに気づき、お互いが共同できるように働きかけていくことが、在宅要支援・要介護高齢者にとって、本当の支援となるのではないだろうかという思いを強く持つようになった。ホームヘルプサービスにおいて相談援助とされる会話はどのような場面においても必要であり、意図的な相談援助の重要性と課題を明らかにすることは、今後のホームヘルプサービスの質の向上に寄与することになるのではないだろうか。このような自分の経験にもとづく考えを理論的に裏付けたいという思いが、本研究の主な動機となっている。そこで、①高齢者を理解するための理論を整理し、ライフコース視点とストレングズの関連を分析する。②在宅要支援・要介護高齢者を対象として、生活場面面接を活用したホームヘルプサービス実践の結果から、生活場面面接

の意義と課題を明らかにする、という研究目的を設定した。

本論文では、第Ⅰ部（理論編）として、文献研究をもとに、(1)高齢期と加齢に関する理論、(2)ストレングズ視点の背景と原則及び高齢者へのアセスメント、(3)ホームヘルプサービスと生活場面面接について概観した。その結果、(1)高齢期を理解するための視点として、ライフコース視点が有効であること、ライフコースの要素であるヒューマン・エイジェンシーは、高齢者のストレングズに関連しており、セルフ・エフィカシーの研究によって説明されていること、(2)ストレングズ視点による高齢者アセスメントおよび具体的な援助が求められていること、(3)生活場面面接は、利用者のストレングズを高めるための援助方法として有効と思われることが明らかになった。

また、第Ⅱ部（実証編）では事例調査の分析と考察を行った。事例調査は、東京都内の訪問介護事業所に勤務するホームヘルパー3人と、それぞれが担当している利用者2人ずつの計6名を対象とした。調査は、(1)6人の利用者については、業務報告書による援助方針及び援助内容の把握とともに、文献レビューをもとに作成した「利用者ストレングズ調査票」を用いた面接調査を行った。また、(2)3人のホームヘルパーについては、「生活場面面接の枠組み」を示し、6人の利用者に対して一定期間のホームヘルプ実践を行ってもらったうえで、実際に行った具体的なサービスの援助内容について面接調査を行った。その結果、(1)については、利用者のライフコースとストレングズの分析を行い、①ライフコース上の困難の克服、受容、肯定的な振り返りは、心理・情緒的ス

トレングズの高さと関連していること、②環境的ストレングズのうち人的資源についてはほぼ固定化していること、③ライフコース上で受けた教育の影響は、ストレングズとして主観的には認識されていないことが示された。(2)については、生活場面面接の意義として、①ヘルパーは在宅における援助を通じて、利用者の表出されたニーズだけではなく、表出されないニーズにも気付くことができている、②ヘルパーは利用者に対して心理的援助を行うだけでなく、ヘルパー自身も利用者のストレングズによって励まされるというパートナーシップが築かれていることが明らかになった。一方、生活場面面接の限界として、①環境的ストレングズに対する働きかけが殆どできない、②援助時間に限りがあるため、意図的な声かけや対話を行う時間を取ることが困難であることがわかった。

(2) M-GTA による理論の応用

事例調査では、分析枠組みとして、5項目の「生活場面面接の特徴」(小嶋・嶌末、2000)と、「ホームヘルプにおける相談援助を生活場面面接ととらえる」(嶌末・小嶋、2005)とのの考え方をとりいれ、ホームヘルパーが展開した生活場面面接による利用者の【持てる力を高める】プロセスについて、M-GTA により提示した7つのカテゴリー及び16の概念をもとに生成した「生活場面面接の枠組み」を用いた。

M-GTA により命名したカテゴリー名や概念名は、一般的かつ抽象的な言葉ではなく、動的かつ記述的な言葉になっているため(木下、2003)、ホームヘルパーが生活場面面接

の実践を行ううえで、これらの独自に命名されたカテゴリー名から具体的な視点や行動を理解することは困難であると考えられるため、より理解しやすい「ホームヘルプ実践」の説明文を作成した。たとえば、【援助関係を促進させる】カテゴリーの＜意味方向性の探索＞概念は、「利用者の言動や生活行為、生活環境、周囲との関係等の現象から、生活の流れに即したかかわりを通じて、その意味や要望や方向性を探っていく」と定義されているが、これを「利用者の言動や、生活の流れに即した言葉かけによって、利用者の要望やケアの方向性を探ってゆく」とした。木下は、M-GTAの理論特性について、「グラウンデッド・セオリーとは実践的活用を促す理論である」と述べ、実践的活用に際しては、研究者とは別に「応用者」の存在が必要であり、「データが収集された現場と同じような社会的な場に戻されて、そこでの現実的問題に対して試される」とし、応用によって研究が検証されるという考えを明示している。そこで本研究でも、M-GTAによって生成されたカテゴリー及び概念をもとに行ったホームヘルプ実践をもとに考察した。

(3)結論

ホームヘルプ実践の課題として、①利用者の環境的ストレングズに働きかけるためには、他専門職との連携の環のなかにヘルパーが位置づけられるべきである、②ヘルパー養成講座において、相談援助に関する教育を生活場面面接と言う視点からより充実させる必要がある、③長期的な援助関係を築くことが、利用者とヘルパーのコミュニケーションにとって

重要であることから、ヘルパーの雇用安定化を図ることである。

(4)研究のふりかえり

　今回、私は M-GTA を用いて、在宅要支援・要介護高齢者のストレングズを研究した。　生活場面面接の分析におけるカテゴリー名及び概念名は、実践的活用を目指すものであるという M–GTA の特性を活かすためにデータに基づいて命名をした。従って研究者にとっては概念の扱いはしやすかったが、一方で、用いられた概念を一般化するためには更に多くのデータや、概念に関する精査が必要ではないかと思う。また実践的活用にあたっては、応用者の存在も必要であり、より多くの方に、より多くの場面で用いていただければ、さらにこの理論が発展していくのではないかと期待している。

・石田好子、訪問介護における生活場面面接の活用に関する研究、
　　第17回日本介護福祉学会大会発表報告要旨集、2009年、161頁。

資料　M-GTAによる研究結果の応用例

資料2
特別養護老人ホームのケアワーカーが生活場面面接が行える条件（修士論文）

佐藤 遼（社会福祉法人茨木市社会福祉協議会）

(1)研究動機と論文骨子

　筆者はケアワーカーとしての実務経験をもとに、限られた時間の中で、利用者の気持ちに寄り添い、その人らしい生活が送れるケアを提供できるにはどのようにしたら良いか、日々懸命に考えてきた。ケアワーカーは利用者と日常生活の中で関わり、何気ない会話や言葉かけを行っている。多くのケアワーカーは、その関わりが利用者の日々のケアに役立ったり、利用者の態度に変化を起こすことを経験している。ケアのために必要な情報は面接室の中だけで得られるわけではなく、ケアワーカーが利用者と日常生活場面で関わる中で得られることも多い。このように、日常生活における、何気ないコミュニケーションには大きな役割があり、それ自体に意味のあるものだと考えられる。

　こうした、利用者の日常生活場面において行われる構造化されていない面接を、ソーシャルワークでは生活場面面接と呼んでいる。しかし、ケアワークにおいては高齢者と関わる日常生活の中でのコミュニケーションが重要と言われながらも、ケアワーカーが行なう生活場面面接の重要性や方法に関する研究はあまり行われていない。

　本論文では、第1章でレドルの生活場面面接を元に、日本

における生活場面面接の研究の動向を整理した。第2章では、特別養護老人ホームのケアの変移とケアワーカーの実態、第3章では、特別養護老人ホームのケアワーカーが生活場面面接を行える条件について調査を行った。そして第4章では、特別養護老人ホームのケアワーカーが生活場面面接を行える条件にはどのようものがあるのかを提示し、またそれらの課題について述べた。

⑵ M-GTA による理論の応用

　第3章においてまとめた「特別養護老人ホームのケアワーカーが生活場面面接を行える条件についての調査」は、A市内の特別養護老人ホーム（9施設）の計320人のケアワーカーを調査対象とし、平成22年7月21日から平成22年8月27日質問紙調査を実施したものである。調査内容は、回答者の属性のほか、①ケアワーカーが利用者と関わる時の意識と実際、②生活場面面接の知識の有無、③生活場面面接における2つの焦点、④生活場面面接に関わるケアワーカーの意識と実際、⑥ケアワーカーが利用者にゆっくり関わり、寄り添うための条件、⑦「日常生活場面において、利用者の気持ちに寄り添い、その時、その場で関わるためにあなたが大切だと思うこと、必要だと思うこと等」についての自由記述、からなる。これらのうち、①について、小嶋・嶌末がM-GTA を用いた高齢者ホームヘルプ実践における生活場面面接の研究によって得られた、8つのカテゴリーと20の概念を参考にし、「生活場面面接のスキル」として、次のような10項目を作成した。

①利用者の意欲を引き出すように声かけをしている
②利用者の価値観を理解するように心がけている
③利用者の価値観を理解した上で、それらを声かけに使っている
④利用者の馴染みの物の話を会話の中に意図的に活用している
⑤利用者との会話から、本心を見つけようとしている
⑥利用者の本心が実現できるように関わる
⑦利用者の行動を予測しながら自然と声かけをする
⑧利用者の意欲を高めるように継続的に言葉かけをしていく
⑨その時、その場で利用者の気持ちに共感する
⑩共感したことをありのままに表現する

これらの項目について、1つはケアワーカーが利用者と関わる時に意識しているかどうか、2つにはこれらが実行できているかどうかについて回答を求めた。その結果及び考察は次のとおりである。

調査項目1　ケアワーカーが利用者と関わる時の意識

全体傾向を見ると、これら生活場面面接の様々なスキルを使っているケアワーカーは、全体のうち「時々意識している」が約5割、「常に意識している」が約4割で、「あまり意識していない」と「全く意識していない」を合わせたものが約1割であることが明らかになった。

調査項目2　ケアワーカーが利用者と関わる時の意識の実行性

全体傾向を見ると、これら生活場面面接の様々なスキルを使っているケアワーカーは全体のうち「時々できている」

が約6割、「常にできている」が約2割で、「あまりできていない」と「全くできていない」を合わせたものが約2割であることが明らかになった。

(3)結論

　本研究では、特別養護老人ホームのケアワーカーの生活場面面接の知識の有無が生活場面面接のスキルの実行に影響を及ぼしていることが明らかになった。また、ケアワーカーが行う生活場面面接の多様なスキルにおいて、ケアワーカーの多くができているものと、あまりできていないものがあることも明らかになった。ケアワーカーは利用者の不安や混乱に対してその問題を解決できるように関わることはできている。しかし、利用者の内面に視点をおき、その人の健全な部分を引き出すことについては苦手とする傾向がある。

　また、生活場面面接は個人のスキルだけの問題ではなく、チームとしてそのスキルを活用できる環境が必要であることも明らかになった。つまり、生活場面面接を行うには、ケアワーカー自身の力量であるスキル（内在的要因）とそれを取り巻く様々な環境（外在的要因）が大きく影響を与えていることを明らかにすることができた。

(4)研究のふりかえり

　本研究では質問紙法による量的研究方法を用いたが、これは本書の編者の研究において質的研究方法である M-GTA によって明らかにされた研究成果を援用することで調査仮説の設定をすることができたものである。そのことで、ホームへ

ルプにおける相談援助を生活場面面接と捉え活用しうるという研究成果を、入所ケア場面でのケアワーカーと利用者の援助場面に置き換えて、生活場面面接の研究をより発展させることができたと考える。

・佐藤 遼、生活場面面接の研究の動向課題、花園大学、福祉と人間科学、20、2009年、87-102頁。

資料3
利用者の自立支援を促すサービス提供（相談援助）について

　　　　　　　山口県ホームヘルパー連絡協議会調査研究部会
　　　　　　　○金子美代子（しあわせサポートみね）
　　　　　　　　入江幸子（神田福祉サービス）
　キーワード：傾聴、コミュニケーション

1．はじめに

　今回の介護保険法の改正により、生活援助の算定に上限が設けられ、1時間30分以上の援助を行っても、291単位が上限となった。制度改正の内容を利用者に説明しても、なかなか理解していただけない場合がある。

　そこで、県ホームヘルパー連絡協議会調査研究部会では、「どのような説明方法がより理解していただけるのか、その声かけなどを知りたい。」また、「制度説明の場面に限らず、援助の中での声かけにより、自立支援目標を達成できた事例、逆に達成できなかった事例も知りたい。」として、声かけの際の利用者の思いの変化を知るために、"生活場面面接ワークシート"を活用することにした。

2．"生活場面面接ワークシート"とは

　『ヘルパーネットワーク』№56に様式・記入例が記載されており、経験的に実践してきた相談援助（＝生活場面面接）を検証しながらも情報を共有化し、そのプロセスや技法を学

び、アセスメントやモニタリングなどを意識しながら実践に応用し、さらに専門援助技術として発展させていくことが可能なワークシートである。

3．"生活場面面接ワークシート"の活用方法
　①利用者とのコミュニケーションの中で利用者の思いを聞き取り、引き出していく。
　②利用者に変化をもたらしたと思われる場面を選択し、利用者の変化が顕著に見られる場面に限定して、細やかな表現やニュアンスは思い出せる範囲でできるだけ忠実に再現する。(時間的な経過が分かるように文頭に①②といった番号をつける。)
　③"生活場面面接ワークシート"の(8)意味づけ (概念) は、(1)〜(7)を記入した後に記入する。
　④各ブロックの"生活場面面接ワークシート"を持ち寄り、情報を共有、事例集を作成し、多くの事例を知ることで理解を深めていく。

4．実施経過
・平成18年5月、山口県ホームヘルパー連絡協議会資料に"生活場面面接ワークシート"活用について掲載する。
・ブロック別懇談会にて、説明及び協力を養成する。
・平成18年7月〜8月にかけて、ブロック介護を開催し、各事業所より"生活場面面接ワークシート"を持参し、それぞれ説明、情報交換を行う。
・調査研究部会を開催し、36事例の"生活場面面接ワー

クシート"の事例集を作成する。

5．考察

今回集まった事例には、認知症、介護予防、視覚・精神障害者の方の事例もあり、場面について、訪問介護中、デイサービス初回の前後のサービス時、家族との相談時、服薬確認のアセスメント時、サービス担当者会議時、サービスの導入時など、各ブロックで似通った事例が挙げられた。

介護保険法の改正後、利用者の自立支援を促すためにも、相談援助（傾聴、コミュニケーション）は必要であり、ホームヘルパーは利用者の個性を考え、その時々の状況をアセスメントしながら、生活環境、感情、行動、意欲、価値観、知覚等、多様な側面に関わり、利用者の喜びや楽しみなど、心身の活性化につなげていくことが可能である。

そういった意味で、今回"生活場面面接ワークシート"を使い、利用者との関わりを客観的に見つめ、利用者のエンパワメントを図る生活場面面接を把握できたことは、援助する側にとって大変貴重だった。しかし今回の課題として、多職種との連携を深め、利用者の思いを、自立支援を促すサービスにつなげいく必要がある。

6．おわりに

『ヘルパーネットワーク』No.55には、実際に「多くのホームヘルパーによる実践事例を検討した結果、ホームヘルパーが、利用者とその環境との関係を活用しながら、理湯御者の『持てる力を高める』プロセスを確認することができ」たとあ

る。

　支援の方法はさまざまであるが、この"生活場面面接ワークシート"は、ホームヘルパーと利用者の思いを傾聴し、その援助目標を細かなところまで見つめ直し、自立支援のきっかけを作ることができると考えられる。

参考文献
『ヘルパーネットワーク』No. 55、2005
『ヘルパーネットワーク』No. 56、2006

生活場面面接ワークシート

(1) その場面をとりあげた理由	(2) 事例の概要（省略）
利用者がとても興奮しておられたが、話をしていくうちに感情が鎮まることが感じられたため。	(3) 援助目標 日常生活動作の中で、筋力低下防止する。

(4) まわりの状況・様子	(5) 利用者の言動	(6) 援助者の思い	(7) 利用者の言動	(8) 意味づけ（概念）
①ベッドに座っておられる。昨日、デイサービスに参加された。	③デイサービスでもらったのとこ。その日のことを話し始める。「リハビリになるからと、グリーンピースの皮むきを職員に進められて、仲間に入れてもらおうと思ったら、あんたがしたら、また、身体が痛くなるからやめるって言われて‥‥。」「自分で無理と思ったらせんのに嫌なことを言う。」		②冷蔵庫にあるグリーンピースが店の物ではないようなので、うかがってみた。	・誰かと話すことで軽減。信頼関係の構築。 ●肯定的感情の醸成
⑨少しだけ寛恕が落ち着かれた。	⑦「Aの人（=漁村の方）やからすぐ、すぐそんなことを言う。」 ⑩「時々、勝手にでたりする人やから、ものがわからんかもしれん。」 ⑬「いつもじゃないけど、ひどいときがある。」 ⑮「時間とってすみませんねえ。」	⑤昨日から誰にも言えず、我慢されてきたんだなあ。 ⑪言われた相手は認知症があるようだ。 ⑭言われた相手が病気のせいで言われ、仕方がないという気持ちも生まれたよう。	④うなずき、傾聴 ⑥「いやな思いをされたんですね‥‥。」 ⑧「せっかくしようと思われたのに、辛かったですねえ。」 ⑫「病気で感情のコントロールが、出来ない方もおられるから、もしかしたらそれで、きついことを言われたのかもしれませんねえ。」 ⑰「いいえ、いいですよ。辛かったですね。」	・ヘルパーには、話しても大丈夫、聞いてくれるという安心感を持っていただく。 ●安定に導く苦悩への寄り添い ・相手の状態を理解していただくことで、これからも起こうるかもしれないことを理解していただく。 ●専門的知識の活用

131

資料4

特別養護老人ホームにおける
　　　生活場面面接と生活支援記録の取り組みの効果

宮崎 則男（特別養護老人ホームこうめの里園長）

1. はじめに

記録の目的の1つに、「適切な介護サービスを利用者に提供するため」があり、介護実践の内容を伝える記録は、利用者の行動だけではなく介護職員の応答的、意図的な働きかけが記録に反映され、共有されていることが大切である。

介護職員に求められる専門的行為は「介護技術を用いて生活支援を行うこと」であるが、どのようにコミュニケーションをもとに、介護技術を提供したかを明らかにすることがチームアプローチを効果的にすすめることに繋がる。所属法人の研修担当を担う立場から、介護の拠り所である生活支援の観点にもとづく、介護実践に不可欠なコミュニケーションと記録のあり方についての取り組みについて報告する。

なお、本報告[1]でとりあげる生活場面面接とは、「利用者の日常生活場面において、援助目標に沿い利用者の多様な側面と必要に応じて環境（生活環境、出来事、他者との関係）を活用した意図的なコミュニケーション」をいう（嶌末・小嶋2005[2]）。

2. 研修プログラムの概要

生活場面面接の理論研修では、15枚の生活場面面接ワー

クシート（以下、ワークシート）が提出され、ロールプレイによる振り返りを行った。ワークシートに、「最もうまくいったと思われる事例」「最も悔いの残っている事例」の特定場面を記入する。その後に2場面を設定し、ロールプレイを実施した。

3. 生活場面面接ワークシートの活用

本ワークシートは図表1が示すように5項目で構成されている。

シートには会話の再現部分を載せて、介護場面を浮かび上がらせることが大切であり、介護職員が行ってきた生活支援の振り返りになる。従来のプロセスレコード(場面を再構成するためのシート)は、利用者とのやりとりについて、「利用者の言動」「援助者の思い」「援助者の言動」という3項で構成されていることから、本ワークシートは「周囲の状況」と「意味づけ」に特徴がある。

「周囲の状況」については、生活場面面接では、環境(生活環境、出来事、他者との関係)を重要な要素として示している。また、「意味づけ」については、援助者が利用者との日常生活場面でのやりとりについて、援助目標に照らしてどのように意味づけることができるかを検討することが、生活場面面接を意図的に活用できるようになるために重要である。

周囲の状況	利用者の言動	援助者の思い	援助者の言動	意味づけ
ICF：状況・環境	ストレングス：利用者中心・ニーズ	アセスメント：気付き・判断 ※ケアしながらのリフレクション	生活場面面接の実践 ICF：相互作用 生活支援	実践後のリフレクション

図表1　生活場面面接ワークシートの構造と意義〜介護実践に有用な諸理論との関係〜(蔦末作成)

4. 生活場面面接の実践を可能にするための生活支援記録法の成果

　ワークシートをもとにロールプレイを行うことで、①利用者の考えや感情の動きをつかむことの難しさ、②傾聴と共感の重要性、③介護職員の言動が利用者の生活に影響を及ぼしていることなどコミュニケーションのあり方について相互理解を図った。

　また、生活場面面接ワークシートを繰り返し記入することで、介護職員のコミュニケーション能力が利用者の生活に大きな影響を及ぼすことの共通認識を深めた。このような日々のケアを記録するために、生活支援記録法[3]の研修を経て取り組むことで意図的な働きかけによる、利用者の状況変化を理解した支援を継続した。

(1) 事例

　　A様：要介護度3、アルツハイマー型認知症

　　中核症状：記憶障害、注意障害、遂行機能障害

【生活場面面接研修を行う前のケース記録より】

① 16:00　共同生活室に沢山の人といても、一緒にいた職員や話し相手の姿が見えなくなると動き始める。「俺の居場所がない」と人を探しているような行動がある。ソワソワと落ち着かない様子である。

② 5:50　トイレに起きてきた際、表情は笑顔で穏やかだが「なんでここに居るのかわからない」と不安感を訴える。声かけすると「玄関まで歩いてくる」と散歩に行く。「いい空気吸ってこようと思ったが、事務所には、誰もいなかった」と怒り気味に話す。

資料　M-GTAによる研究結果の応用例

【生活場面面接・生活支援記録法研修後のケース記録より】
※掲載用に一部修正[4]

〔関わりを記号化する〜生活支援記録法の項目〜〕

F：着眼点、ニーズ、気がかり
S：主観的情報，利用者の言葉
O：客観的情報、観察や他者から得られた情報、反応
A：アセスメント、気づき、判断
I：援助者の対応、声かけ
P：計画、当面の対応予定

> F(Focus), S(Subjective Data), O(Objective Data),
> A(Assessment, I(Intervention), P(Plan)

①14:00 F：気持ちに添い入浴中止。

O：共同生活室のテーブル席にて穏やかに過ごす。職員が何気なく寄り添うと、外の景色や広報誌を見ながら話し機嫌が良い。

I／A：職員「お風呂の準備ができました」「お風呂に入り温まりましょう」と、これからの行動や目的・認識がはっきり理解できるように働きかける。その後、浴室まで誘導する。

S／O：「いやだ」「家に帰る」など、感情は穏やかながらも、風呂に入る気持ちがない様子。

P：気持ち良く過ごしてもらえるように、強い誘いは中止し、気持ちが入浴に向くまでタイミングを見図ることとして入浴を中止する。

②17:00 F：落ち着かない様子。

O：共同生活室のテーブル席で落ち着いて過ごして

いたが、夕暮時で外が暗くなると立ち上がり、カーテンを閉めるなどの動きが出てくる。

A：帰宅願望や感情が不安定な様子はないが、座って腰を落ち着けなくなっていると理解できる。

I／P：職員がソファーに座り相撲中継を見ることとし、3回ほど本人を誘導するとソファーに座る。一緒に相撲を10分位みて落ち着きを取り戻すことができたので、その場を離れて様子をみる。

5. 生活場面面接・生活支援記録法研修全体を通した変化

・P(計画)が記載され、具体的な関わりが明確になり実践に結びつくことで生活支援の気づきになった。

・具体的に利用者の言葉を記録することにより、利用者の現状や課題や望み、可能性を知りケアプランと連動して考えられるようになった。

・S、O、Iなどは記録する上で使用していたが、AやPに繋げられる部分を書くことが難しく、この部分を書くことで

生活場面面接の理論研修

次の支援に繋がることがわかった。
・会議を開く時も、同じ視点で共有している情報でより深い話ができた。
・利用者主体に記録することにより、利用者中心の視点が強くなった。記録から実際の生活支援場面がイメージすることができた。
・介護職員が利用者に意図的な働きかけを行うことでユニット内の利用者理解が深まり注活支援の取り組みがポジティブになった。

6. 結論

利用者に最も身近な専門職として、生活全般に関わる介護福祉士をはじめとした介護職員が生活支援を行っている。介護職員個々が経験年数や介護観の違いがあり、それぞれの利用者への思いや悩み、気づき、試みやその結果を持っており、職員間で情報を共有することが大切である。生活場面ワークシートの活用やケース記録を記号化することにより、熟練したコミュニケーションのあり方や生活支援を裏打ちする気づきや考え、判断などが明確に記録として表れ、話合いの場で分かち合うことができ、利用者の支援の手がかりになり個々の職員の生活支援はもちろんチーム全体のコミュニケーションが活性化されケアの質の向上に繋がり、多様な効果をもたらした。今後も取り組みを継続していきたい。

※本論文の成果は、科学研究費補助金(基盤研究C)「多職種協働に有用な高齢者福祉実践の向上を促進する「生活支援記録法」の開発と検証」(研究代表:埼玉県立大学　嶌末憲子)との共同研究によるものである。

注)
1) 本報告は、第19回社団法人日本介護福祉会全国大会inやまなし全国大会抄録2012年(宮崎則男、嶌末憲子、小嶋章吾)をさらに発展させたものである。
2) 生活場面面接は、下記に紹介され、介護関係のテキスト等に掲載されている。嶌末憲子・小嶋章吾、「高齢者ホームヘルプ実践における生活場面面接の研究～M-GTA(修正版グラウンデッド・セオリー・アプローチ)を用いた利用者の「持てる力を高める」プロセスの検討～」、介護福祉学 12(1)、2005年。
3) 生活支援記録法は、①により紹介され、②にて生活場面面接とともに説明されている。
 ①嶌末憲子「介護福祉士のためのキャリアアップ講座―的確な観察・記録とチームケアへの展開」、ふれあいケア、12月号、全国社会福祉協議会、2009年。
 ②嶌末憲子・小嶋章吾「介護・福祉の制度とコミュニケーション―介護職員初任者研修テキスト第2巻」、日本労働者協働組合(ワーカーズコープ)連合会・日本高齢者生活協働組合連合会、2014年。
4) 本報告は、一連の取り組みにより、5に示すような職員や施設全体の変化を共有することを目的としているが、よりわかりやすく共有できるように一部修正した。

参考文献
介護福祉士養成講座編集委員会編:「新・介護福祉士養成講座5コミュニケーション技術」、中央法規、2012年

出所:宮崎則男「特別養護老人ホームにおける生活場面面接と生活支援記録法の取り組みと効果について」、介護専門職情報誌『介護福祉』No.94、社会福祉振興・試験センター、2014年、97-100頁。

資料5
生活場面面接の現任者研修のあり方について
～ケア経験を有するケアマネジャーへの試行～

嶌末憲子・小嶋章吾

　生活クラブ生活協同組合オプティ港北（神奈川県）において、介護支援専門員（ケアマネジャー）を対象とした生活場面面接と生活支援記録に関する研修を実施してきた。研修後のリフレクションを通じて、「生活場面面接体系化のためのプロセス理論」の有効性が確認された。本稿は、オプティ港北の介護支援専門員 横塚満里氏の協力を得て作成した。

要旨：本研究の目的は、生活場面面接の現任者研修を6つの分析枠組みにて整理した結果から、ケア経験を有するケアマネジャーに継続した研修の意義や課題、ケアマネジャーの変化に着目したプロセスの分析を行うことである。長期的な研究目的は、ソーシャルワークに活用可能なモデル的な生活場面面接の実践場面の集約し、ケアマネジャーやソーシャルワーカーのモデル的教材として、M-GTA（修正版グラウンデッド・セオリー・アプローチ）により生活場面面接のプロセスを提示することであり、本研究はその第一歩である。
　研究方法としては、①対象：生活場面面接研修実施中のケアマネジャー（a県のb法人居宅介護支援事業所）、②期間：2010年～2011年（第1期は県全体、第2期は特定のC地域）、③方法：第1期と第2期について、6つの分析枠組み（AからF）にて整理する。第2期については、研修の意義

や課題、ケアマネジャーの変化について検討する。

研究結果としては、効果的な研修として考案した第2期を中心に記載する。部分的に第1期と比較している。A 特性：生活場面面接を意味づけることはモチベーションを高めるが、意図的な活用には時間を要する。B 対象：リフレクションの重要性から信頼関係があること、相談援助へのモチベーションが高いことなどが重要である。このことから、最適な人数はソーシャルワークの演習と同様、20名以下が望ましい。C 機会と場面：ケア経験を有することにより、相談援助の場面にケア的な理解や知識・経験が活用されることがある。D 教材：テキスト、生活場面面接ワークシート、生活場面面接に特徴的な場面リスト、リフレクションシートの全てを活用できると効果的である。E 方法：事前課題としてテキストと生活場面面接ワークシートや場面リストを評価として活用、事後課題として生活場面面接ワークシート、研修の終わりやその後にリフレクションシートを活用する。2日目以降はロールプレイとリフレクションを組み込む。F 期間：2日間（1ヶ月後）まででは、生活場面面接の意義や理解は可能となるが、実際の意図的な活用と評価などは定着しない。3日目は3ヶ月後にモニタリングを行い、定期的な研修として継続することを決定する。

キーワード：生活場面面接、現任者研修、ケアマネジャー

1．目的

本研究の目的は、筆者らの「生活場面面接の現任者研修の

あり方について(1)」で提示したように、生活場面面接の現任者研修を6つの分析枠組みにて整理した結果から、ケア経験を有するケアマネジャーを対象とした生活場面面接の継続的な研修の意義や課題の確認とともに、ケアマネジャーの変化についての分析を行うことである。長期的な研究目的としては、ソーシャルケアワーカーに活用可能なモデル的な生活場面面接の実践場面を集約し、ソーシャルケアワーカーを対象としたモデル的な教材として、M-GTA(修正版グランデッド・セオリー・アプローチ)により生活場面面接のプロセスを提示することであり、本研究はその第一歩である。

2．方法

(1)生活場面面接研修に至る経緯

A県のB法人の居宅介護支援事業所に所属するケアマネジャーの内、県全体の48名を対象として、相談援助とアセスメントについての研修を、2010年1月と2月に4時間ずつ実施した。その後、生活場面面接の実践的活用に向けての研修実施要望を受け、生活場面面接に焦点化した研修として、C地域に所属するケアマネジャーに対して、2010年12月から継続的に実施することになった。本稿では、県全体の研修を第1期（2010年1月・2月）、C地域の研修を第2期と表すことにする。

倫理的配慮として、先方が生活場面面接活用のための研修実施を要望していることを前提としている。また現任研修の主催者と受講者には、口頭により研究に活用する旨の承諾を

得た。また、個人情報保護の観点より、事例として用いることはなく場面のみに着目するものであるが、個人が特定されないよう留意するなどの倫理的配慮事項を確認し、承諾を得て進めた。

⑵第2期研修概要

　生活場面面接の実践的な活用に向け、事前に研修担当者と相談し、2010年12月と2011年1月に実施し、必要であれば研修を継続することにした。2回の研修終了後、生活場面面接ワークシートを活用した場面の検討によるリフレクションを目的に、3回目の研修を行った。各研修はいずれも4時間であり、参加者18名である。参加者は全員が女性であり、平均年齢は約62歳である。介護職の経験のある16名の経験年数は9年2ヶ月、ケアマネジャーとしての経験年数は6年7ヶ月であった。

　基本資格については、介護福祉士が13名、ホームヘルパーが13名、社会福祉士などの相談援助資格が4名、看護師が2名、栄養士が2名、教諭・保育士が2名であった。

⑶分析対象
　・ワークシート：35枚
　・場面リスト（2010年12月／2011年6月）
　・リフレクションシート：個人とグループ

⑷研究方法
　第1期と第2期について、6つの分析枠組み（A〜F）に

て概観し、第2期については全体を検討するとともに、研修の意義や課題、ケアマネジャーの変化について明示した。

3．結果および考察

(1)第1期および第2期の生活場面面接研修の概要

2010年以降、介護経験を有するケアマネジャーが多数を占めることが特徴である団体に実施した研修の概要について、上述した第1期と第2期の生活場面面接の研修について、6つの分析枠組みを軸に表にて示した。本論文のD教材や、E方法の詳細については、筆者らの「生活場面面接の現任者研修のあり方について(1)」を参照されたい。

表　第1期および第2期の生活場面面接研修の概要

	A特性	B対象	C機会と場面	D教材	E方法	F期間
第1期	生活場面でのアセスメントの関連のLSI	ケア経験者が多いCM48名	医療ニーズが高いなどの困難場面	・テキスト ・WS	①事前課題(テキスト・アセスメント) ②事後課題(WS) ③研修の終わり(リフレクション：個人のみ) ④2回目：WS共有→ロールプレイ	2回(4時間×2回) ※1カ月後とに実施6カ月
第2期	LSIを深め、WS活用を継続することで相談援助力向上を期待できる	第1期経験者を含むケア経験者が多い18名	家族と利用者ニーズがことなる場合、初期の関係形成など	・テキスト ・WS ・技法リスト ・リフレクション	①事前課題(テキスト・WS・技法リスト) ②事後課題(WS)→WSと技法リスト ③研修の最初と終わり(リフレクション：個人→グループ) ④2回目：模擬ロールプレイ 3回目：各グループ	2回(4時間×2回) ※1カ月後と6カ月後に実施

凡例：LSIは生活場面面接の略、WSは生活場面面接ワークシートの略、CMはケアマネジャーの略である。

以下は、効果的な研修として考案した第2期を中心に記載する。部分的に第1期と比較している。

⑵ A 特性

　生活場面面接は面接技法であるが、利用者の生活や生活支援、ケアマネジャーとしての実践構造、ICF などの理論的理解をベースとする。それらの考え方や理論との関係から、生活場面面接を意味づけることにより、「仕事自体の意義が分かった」「これを続けて場面集などを作りたい」などモチベーションを高めるが、2回目以降の研修特に「考えすぎると分からなくなる。」「活用する機会がなかった」など、意図的な活用には時間を要することが確認された。また、「今までしてきた生活支援が重要」「生活支援の専門家としての面接として誇れそう」といった声から、曖昧な"生活支援の専門家"像の明確化が期待された。

　このことから、①生活場面面接は、諸理論との関連性の中で位置づけられること、②日常業務の中で、生活場面面接の意図的な活用には時間を要するが、そこに意義があり"生活支援の専門家"として、重要であると示唆される。

⑶ B 対象

　受講対象は、それぞれ第1期では約50名、第2期は約20名であった。主たる研修内容は相談援助の演習であり、ロールプレイやリフレクションなどの時間が多いことから、最適な人数は社会福祉士養成課程における相談援助演習と同様、20名以下が望ましいと考えられる。第1期の受講生からは、「スピードが速く理解が難しかった」など研修方法に関する意見があり、説明とは異なる方法にて演習を進めるグループも見られたが、第2期では第1期からの参加者は「これくら

いの人数の方がよい。以前（第1期）は勘違いしていた」「事例検討などもしてきて、お互いが知り合っているので、効果的である」という反応が見られた。演習方法についても、誤りが見受けられた場合は即座に介入でき、一連の研修を段階的に進めることができた。

　本研修では新しい知識や技術を習得することを目的としており、研修で得た学びを実践に活用し、さらに生活場面面接ワークシートへの記録化を課すため、任意の研修に継続的に参加するには、専門性習得へのモチベーションが高いことが必須である。リフレクションやロールプレイの際、相互に教え合っていた様子から、受講者同士に信頼関係があり、過去の他の研修で得られた知識を共有できることなども、研修受講の継続性や専門性習得に効果的に作用していることが示唆された。

　現任研修として継続するには、対象者の状況やグループメンバーの相互作用を活用することが重要である。例えば、2011年からの新たな参加者には、第1期からの受講者がフォローしたり、1年目のケアマネジャーも前職の経験をもとに参加できるよう、企画担当者を通じて、参加者の要望を組み入れながら、研修方法を柔軟に変更していくなど留意した。

⑷ C 機会と場面 〜ケアマネジャーの変化〜

１）ケアワークの活用

　生活場面面接ワークシートへの記入内容や演習時の受講者の言動から、生活場面面接活用においてケアワークの理解や知識が活用されていることが確認された。相談援助プロセス

(機会)の側面からは、①利用者の発見や意思確認、②アセスメントのための関係形成や情報収集、③新たなサービスやケアプラン変更の提案、④モニタリングでの実態や効果・変化の確認、に整理された。いずれも、玄関やベッドサイド、デイサービスへの見送りなど、多様な機会を取りあげていた。

次に生活場面面接ワークシートへの記入場面で多く効果が確認されたのは、①援助拒否をしている認知症高齢者に対し、自然なケア提供による接近、②利用者や家族をねぎらう場面での共感、③利用者と家族の葛藤調整、などがあげられた。

2）ケアマネジャーの変化と課題

生活場面面接ワークシートへの記入は、その時点で最も振り返ってみたい場面を記載するよう依頼しているが、同一事例で、同様の拒否場面を記載している受講者が複数名あった。いずれの受講者も、あまり変化のない事例と認識していたが、生活場面面接ワークシートにてロールプレイをすることにより、利用者や家族の変化の可能性などについて見通しが持てるようになった。例えば、「困難な家族関係の調整」場面において、現在も家族関係は改善には至っていないが、利用者の気持ちを引き出すことができたなど、次のステップに繋がる利用者の変化を意図的に起こすことができていた。長らく変化がなく硬直した関係性を打開したいという気持ちがあったことから、「生活場面面接への関心が高まった」「生活場面面接を継続することで、希望が持てる」といった、受講者の心理的変化を確認することができた。

ケアマネジャーによる相談援助の質的変化に着目すると、

受講前は「相談援助の研修を受けてきたが、受容と傾聴が主であった」というのが多数を占めており、コミュニケーションや相談援助といっても、各種の実践アプローチを活用されていない状況であった。3回の研修後の変化としては、「利用者への多面的側面への働きかけが増える」、「予測を立てられる」「面接目標や課題、必要な情報が明確になる」「主な場面の教材から具体的な言葉かけのバリエーションを工夫できる」「モチベーションの向上」などの他、「根拠をもとに、強く促す」など、マニュアルや相談援助の原則を超えた生活場面面接の展開も見受けられた。また、「困難や失敗場面の生活場面面接ワークシートを蓄積することで、他の事例・場面を有効活用できる」、「生活場面面接ワークシートを訪問日誌でも活用したい」など、生活場面面接の意義とともに積極的な導入への提案についての意見も得ることができた。

　自己覚知については、「深化する」、「言動の意味づけの明確化により、客観視に役立つ」などが把握された。

　一方、「面接後の記録を整理しやすいが、時間を要する」「日々の業務においてシートを記入することは困難」といった課題も見出されていた。

(5) D 教材

　教材としては、テキスト、生活場面面接ワークシート、生活場面面接に特徴的な場面リスト、リフレクションシートの全てを活用できると効果的である。

１）事前課題とテキストの活用

　事前課題として、介護職員基礎研修テキスト[1]の生活場面

面接の定義、M-GTA（修正版グラウンデッド・セオリー・アプローチ）による結果図や概念一覧を参考に、生活場面面接ワークシートを記入してくるよう依頼した。

　初回の研修で用いたテキストは、介護職員基礎研修のケアワーカーを対象としたものであるが、生活場面面接の考え方や概念はケアマネジャーに応用可能であることを、まず理解してもらった。当然のことながら、生活場面面接のプロセスには、ケアマネジャー特有のプロセスがあることが想定されるが、研究結果として示すことは容易ではない。この点は長期的に受講者自身を含むケアマネジャーの実践から導かれることが期待されることを了解してもらった。受講者のほとんどがケア経験を有するためか、自らの実践を振り返るとよく理解できる、自然に活用しているかもしれない、などの意見を得ることができた。

　生活場面面接ワークシートの記入については、「意味づけ」の欄以外は、ほぼ正確であった。「意味づけ」の欄は、援助展開の意義を示していると記述については、可能な限り、相談援助の転機として表現するよう求めた。

2）生活場面面接ワークシート

　「事例や場面を蓄積したい」という要望が見られた3回目の研修では、そのための「記入理由」や「場面分類」が重要であること、「環境の活用」として位置づけられる「まわりの状況・様子」の欄から、意図的な生活場面面接の活用が期待されていること、「意味づけ」の欄をリフレクションすることは、生活場面面接習得のためのサイクルには欠かせないなど、理論との関連性について説明することが重要であった。

2回目の生活場面面接ワークシートを初回のものと比べると、カウンセリングの技法はなくなり、相談援助のプロセスや概念等に発展が見られた。生活場面面接の活用場面も増えたとの感想も聞かれた。困難場面をロールプレイすることで、マニュアルとは異なる面接方法であっても有効であるなど、生活場面面接における援助者と利用者との相互作用などの特徴や、ワークシートをもとにした一般化への理解促進が把握された。生活場面面接ワークシートを個人の面接力向上に活用するだけでなく、さらに今後の活用方法について工夫したいという積極的な意見により、グループのリフレクションにおいて、経過記録への活用や研修などについても提案がなされた。

3) 生活場面面接に特徴的な場面リスト

　生活場面面接に特徴的な場面リストは、生活場面面接の質的研究から整理・抽出したものである。生活場面面接のプロセスとM-GTAによって生成した概念だけでは理解しがたいが、ケアマネジャー自身の働きかけに着目したものであるため、多様な場面で活用されていることを理解するのに有用であった。例えば、「ユーモアを活用する場面」については、ユーモアの意義を感じていなかった場合や、真面目な性格からユーモアを活用することは性に合わないと考えていた場合も、より意図的に試行する意義を理解されるようになった。

　また、リフレクションにより、「打ち解けた会話」や「感謝の表現」といった場面などの活用は、ケア経験が有用であることなどが確認された。さらに、自らの強さを自覚し、グループメンバー間で共有することにより、自己覚知の深化が

見受けられた。

　生活場面面接の活用場面として理解するにあたり、「現実に向き合う」、「振り返りを促す」、「家族関係調整」、「危険回避」、「意見主張」などは、生活場面面接の範囲や専門性へと繋がることが示唆された。

4）リフレクションシート

　継続的研修においては、リフレクションを有効に活用したい。第1期では、リフレクションを行っていたが、研修プログラム上、時間を確保できず、研修の最後に記載してもらった。第2期では、最初のリフレクションでは、この間の実践について、研修の最後には「研修を踏まえた今後の活用の可能性について」をテーマとすることにした。リフレクションシートの形式は問わず、個人やメンバー間でリフレクションをし、記録化することが重要であろう。

　リフレクションでは、生活場面面接ワークシートの意味づけと関連づけることにより、具体的な展開が期待できる。ケアマネジャー自身が、自らの変化や疑問等を言語化することで、その意味や問題の所在が明らかとなる他、共有化されることで生活場面面接の重要性も理解できるプロセスが把握された。

(6) E 方法

1）概要

　最初の事前課題としてはテキストとともに、生活場面面接ワークシートや生活場面面接に特徴的な場面リストを挙げ、それらをもとに研修を展開し、最後にリフレクションを行っ

た。事後課題としては、生活場面面接ワークシートの継続的な記録を求めた。2日目以降の研修では、ロールプレイとリフレクションシートを組み込み、3回目以降の研修では、生活場面面接の意図的な試行と定着後の課題や要望があれば、継続することとした。3回目の研修終了後のインタビューでは、経過記録への反映が課題になりつつあることが確認された。

2）事前課題

生活場面面接に特徴的な場面リストは、テキストを読む前に確認してもらい、介護職員基礎研修用テキストを読んだ上で、生活場面面接ワークシートの「意味づけ」の欄以外を記入してもらった。その中では、記入の難易度を踏まえ、とりあげる場面としては、上手くできたと思われる場面を推奨した。

3）事後課題

生活場面面接ワークシートの記入については、テキストを読むだけで記入可能であるが、効果的な場面の選定や「意味づけ」欄の記入については、研修にて説明し、事後課題では困難場面の記入も求めた。

4）ロールプレイとリフレクション

相談援助の研修にてロールプレイを用いることは、一般的である。生活場面面接の研修では、特に援助目標を指向する中で、「まわりの状況・様子」という環境変化の記述から始め、次いで「利用者の言動」「ケアマネジャーの思い」「ケアマネジャーの言動」の欄の順で意図的コミュニケーションとして再構成しているため、生活場面面接の定義「利用者の日常生

活場面において、援助目標に沿い利用者の多様な側面と必要に応じて環境（生活環境、出来事、他者との関係）を活用した意図的なコミュニケーション、すなわち面接である」(嶌末・小嶋、2005年10月)[2]を認識しやすいことが特徴である。

また、生活場面面接の習得のためにはリフレクションが欠かせないことから、最後の欄である「意味づけ」については、ロールプレイ体験を介して検討することを経て、さらに理解が深化し習得へと繋がる。したがって、前述の教材と方法は一体的に提供してこそ効果的であるといえる。

5）生活場面面接ワークシートの応用活用〜場面分類〜

生活場面面接ワークシートは、現場ではスーパービジョンや能力評価、虐待対応のトレーニングなど、初期目的以外でも応用されてきた[3]。今回は、生活場面面接を理解・活用したい、という要望から、さらに自らが事例検討や県内の他ケアマネジャーのグループに研修していくためにも、生活場面面接活用の事例・場面として蓄積し、多様な場面で意図的に活用すべく取りあげた場面を分類したい、という要望へと変化が見られた。

その要望に応えるために、実践を振り返り、困難場面などの場面分類を行いやすいよう、「場面を選んだ理由」をもとに、相談援助の特有な場面として分類できるように考案した。

⑺ F 期間

1ヶ月後に設定した2回目の研修までには、生活場面面接の意義や理解は可能となるが、実際の意図的な活用は必ずし

資料 M-GTAによる研究結果の応用例

も定着しない。3回目の研修（最初から6ヶ月後）を研修後のモニタリングとして位置づけ、定期的な研修として継続することを決定した。最初の生活場面面接の研修後から6ヶ月後にして、実践での多様な試みとして、面接の変化や工夫の共有化が図られるようになった。

⑻考察
1）LSIの意義・CMの変化

　第1に、生活場面面接の理論的な理解やプロセス、概念、主要な場面の理解は、研修を重ねるに連れ、深まったという意見があるように、研修の効果が推察される。第2に、ケアプランの作成や面接、記録などの目標の明確化にとって、リフレクションによりケアマネジャー自ら言語化を図ることは、その思考プロセスへの訓練になると考えられた。第3に、困難場面における生活場面面接の活用と自己覚知の深化など、ケアマネジャーの力量を高める機会として、研修の成果とともに課題の共有化がなされた。第4に、研修目的で用いた生活場面面接の特徴的な場面リストによるリフレクションにより、生活場面面接活用へのモチベーションは高まっていったことから、場面リストの有用性が示唆された。第5に、研修直後と5ヶ月後の主要な場面リスト違いがあっても、その経過記録が残されていないことから、リフレクションするに留めず、経過記録への反映が重要であることが指摘できる。

2）LSI現任研修の課題

　生活場面面接の意図的な活用が十分でない場合について

は、職場でリフレクションする機会がないことや、多忙な労働環境や経過記録への連動性が弱い点などが関連していることが示唆された。

　生活場面面接を継続的に活用するためには、経過記録のあり方が問われること、日々のリフレクションは個人で実施しなければならないこと、さらに困難場面別集約後の活用などにも対応できるように留意していきたい。

　また、意図的な活用が適切かどうかを確認したい、具体的な声かけができるようになりたいという要望から、ケアマネジャー用の教材の見直しも準備することは責務である。

5．結論および今後の課題

(1)結論

　利用者中心のケアプラン作成や実施に責任があるケアマネジャーの中でも、介護経験を有するメンバーが多数を占めるケアマネジャー等に対して実施した一連の「生活場面面接」研修プログラムの経過について、6つの枠組みにより分析した結果、面接方法や内容、自己覚知などに一定の変化が確認された。

(2)今後の課題

　上述してきた研究成果について、一般化するには、さらにデータを経年的に得ること、さらに第三者による評価なども不可欠であることは言うまでもないであろう。今後、さらに研修内容を発展させ、生活場面面接の理論化を目指すべく今

後の課題について、現在までの研究成果をもとに確認しておきたい。

①研修効果がない場合については、インタビュー等にて課題とともに要因を分析し、今後の研修内容再考の一助としたい。同様に、フィールドの要望として挙げられた困難場面別の教材を作成すべく成果を共有していくことが必要である。

②経過記録としての生活支援記録法の提案

本来生活場面面接ワークシートは、教育・研修や事例検討などを目的に開発したものである[4]。目標指向型の「生活場面面接」の継続的活用に向けては、日々の経過記録法が課題となる[5]ことが予測される。経過記録法としては、多職種協働に有用な「生活支援記録法」[6]の試行が望まれる。

③現在までの生活場面面接の教材は、その多くが介護職を中心としたものとなっている。それは、質的研究ならびにアンケート調査でも、介護職の方が生活場面面接の豊富な具体例が確認されたためである[7]。今回は、介護経験のあるケアマネジャーに対する継続的研修を行うことで、相談援助職用の教材開発も充実できることが期待される。

④生活場面面接の意図的な活用が定着したとしても、その力量を発揮できる機会を捉えられるかは定かではない。相談援助全体にも通ずる課題でもあるが、自己覚知や成長・変化を確認するためのツールが開発されつつあるように[8]、生活場面面接も同様である。現時点では場面リストを生活場面面接理解のための教材にとどめず、生活場面面接の技法チェックリストとして活用すべく項目を再検討し、開発することが喫緊の課題である。

注
1) 嶌末憲子・小嶋章吾（2007）「相談援助活動の実際」，介護職員基礎研修テキスト作成委員会編『介護における社会福祉援助技術』長寿社会開発センター，42-65頁．
2) 嶌末憲子・小嶋章吾（2005）「高齢者ホームヘルプ実践における生活場面面接の研究～M-GTA（修正版グラウンデッド・セオリー・アプローチ）を用いた利用者の「持てる力を高める」プロセスの検討」『介護福祉学』，105-117頁．
3) 山口県ホームヘルパー連絡協議会調査研究部会（河村裕子、原田真澄、植田史）(2007)「介護要望事業における自立支援のあり方」（生活場面面接ワークシートを利用し、声かけしていく力を身につけると共に利用者のエンパワメントを図る。），平成19年度山口県介護保険研究大会．
4) 小嶋章吾・嶌末憲子（2008）『社会福祉実践における生活場面面接の理論と方法の体系化に関する研究～実践的技法と教育訓練プログラムの開発～』(2004-2006年度科学研究費補助金（基盤研究C) 研究成果報告書）．
5) 神田福祉介護サービス（入江幸子、松崎ひとみ、秋枝文子、吉岡幸江）(2003)「生活場面面接の向上～連絡票を活用～」（利用者との会話を専門職としてどう留意すべきか。責任者の指導技術向上とヘルパーの面接技術向上を図る。），平成23年度山口県介護保険研究大会．
6) 嶌末憲子（2009）「介護福祉士のためのキャリアアップ講座 的確な観察・記録とチームケアへの展開」『ふれあいケア』12月号，全国社会福祉協議会，66-69頁．
7) 嶌末憲子・小嶋章吾（2006）「連載 利用者の自立生活支援のために ③ホームヘルプ実践における生活場面面接の実際と課題～介護予防や困難事例への活用を期待して～」，全国社会福祉協議会・全国ホームヘルパー協議会『ヘルパーネットワーク』57, 11-14頁．
8) 南彩子・武田加代子(2004)『ソーシャルワーク専門職性自己評価』相川書房．

出所：Proceedings of 21 Asia-Pacific Social Work Conference, pp. 654-662.

資料　M-GTAによる研究結果の応用例

> **資料6**
> 解題「連載 生活場面面接を学ぶ」
>
> 　　　　　　　　　　　　　　　　嶌末憲子・小嶋章吾
>
> **ホームヘルプ専門職団体機関誌を通じた応用**
>
> 　本稿は、生活場面面接の理論の見える化のために、日本ホームヘルパー協会機関誌『ホームヘルパー』No.443-445（2013年）に連載された「生活場面面接を学ぶ」の最初の2回分の内容について解題する。第1回は「生活支援の基盤としての生活場面面接〜利用者の持てる力を高め、介護のやりがいを生む〜」、第2回は「生活場面面接の意図的な実践活用〜利用者の持てる力を高める連鎖を目指して〜」と題し、M-GTAで生成した結果図の簡略化と4コマ漫画化の試みを紹介するものである。
>
> **研修と介入研究を通じた見直し**
> 　M-GTAによる生活場面面接の理論を、初めてホームヘルパー向けに紹介したのは、2004年から2006年にかけての連載であった。その際、生活場面面接の理論についてその定義とともに、M-GTAによる結果図及び概念をもとに説明し、そのうえで事例を用いて解説するという方法であった。だが、その後の生活場面面接に関する研修や介入研究を通じて、理論を前面に出すことが、ホームヘルパーの理解や実践に結びつきにくいことがわかってきた。そこで、2013年にあらたに機会を得た本連載ではこの点を工夫した。

生活場面面接の日常業務への導入

連載の第1回では、まず「生活支援におけるケアと一体的なコミュニケーション」として導入を図り、ホームヘルパーの日常的な業務である生活支援と生活場面面接との関係について説明した。次に、「面接として位置づけたいコミュニケーション」、「生活支援としての生活場面面接の意義と効果」において、生活場面面接が、利用者や家族、訪問介護員自身やケアチームにおいてどんな意義や効果があるかについて、図1で示した。

生活場面面接の定義とその可視化

そのうえで、生活場面面接の定義を示し、同時に定義を可視化した（図2）。

生活場面面接とは、利用者の日常生活場面において、援助目標に沿い、利用者の多様な側面と、必要に応じて環境（生活環境、出来事、他者との関係）を活用した意図的なコミュ

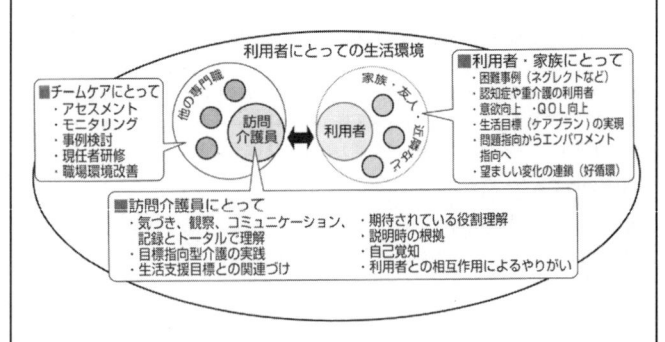

図1　生活場面面接の意義・効果〜利用者や家族・訪問介護員自身・ケアチームにとって

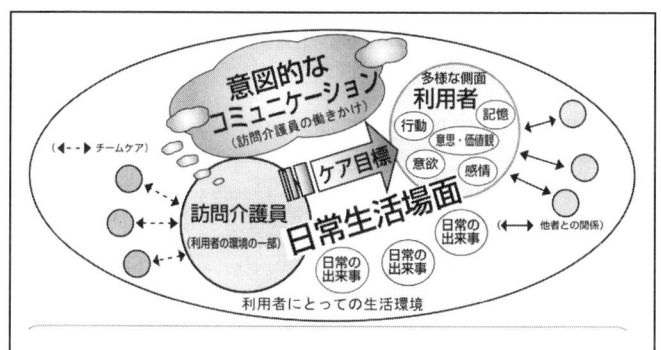

図2 生活場面面接とは

ニケーション、すなわち面接をいう。

　このような試みは、ホームヘルパーが生活場面面接を学ぶこと、生活場面面接をこれまで学んだことや日常の業務に結びつけて活用すること、ケアプランやチームとどのような関係にあるのか、といったことについてわかりやすく示すことを意図したものである。

生活場面面接のプロセスの可視化

　次に、研修や介入研究において生活場面面接をホームヘルパーに理解してもらうには、カテゴリー間の関係からストーリーラインを示すことわかりやすいと考え、結果図を簡略化し、カテゴリーのみで示してみた（図3）。

　このように、煩雑な結果図を簡略化することにより、むしろ生活場面面接のプロセスと、ホームヘルパーの日常業務におけるマナーや言葉かけ、回想法など、ホームヘルパーが今まで学習してきたこととの関係の理解を促すことに留意して図示した。

図3　生活場面面接のプロセス

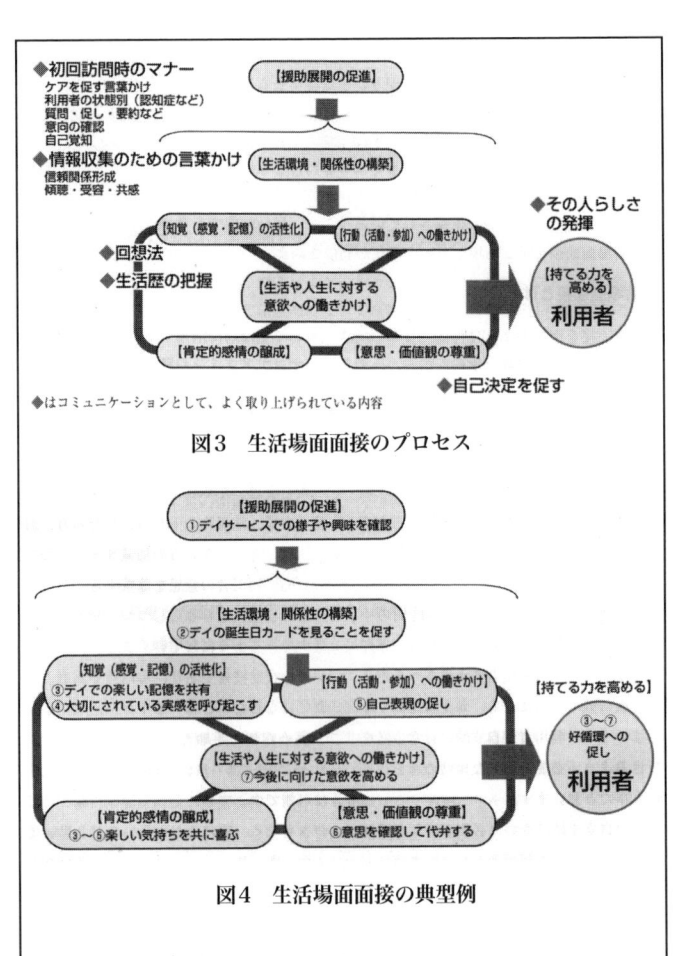

図4　生活場面面接の典型例

生活場面面接の典型例の可視化

　さらに、「生活場面面接の典型例」として、従来は事例を取り上げて説明していたが、冗長な説明になりがちであったので、図3を生かし、カテゴリーごとに具体的なホーム得ヘルパーの行為を示してみた（図4）。

資料　M-GTAによる研究結果の応用例

図5　自然で受け入れ可能な予防対応～【援助展開の促進】の一例～

概念の4コマ漫画化

次いで、概念名だけで生活場面面接のプロセスについて、おおよそのイメージを持てるようにするために、概念の一部について定義と具体例を4コマ漫画化して提示した（図5）。

現任者による主体的な活用を期待して

本連載は、ホームヘルパーがM-GTAを用いて生成した生活場面面接の理論を、ホームヘルプ実践に活用できるよう、結果図の簡略化と4コマ漫画による見える化の試みを紹介したものである。本連載を参考に、生活場面面接を日常業務において活用していただいた結果を、筆者らにフィードバックしてもらうことにより、研究者と実践者とが協働して、より

実践に役立つ理論づくりに役立てていきたい。

　なお、連載の第3回は、「多様な効果をもたらす生活場面面接を意図的に活用するために〜『生活場面面接ワークシート』の作成と演習の方法〜」と題し、ホームヘルパーが生活場面面接の理論を身につけるために、一人でも、あるいは職場で少人数でもできる演習の方法を紹介している。

出所：日本ホームヘルパー協会『ホームヘルパー』No. 443、444、
　　445（2013年4月、5月、6・7月号）
※連載「生活場面面接を学ぶ」（第1〜第3回）は、筆者らが主宰
　　する日本ソーシャルケア研究所のHPに転載させていただいて
　　いる。URL: www.socialcarejapan.net/

生活場面面接研究一覧（小嶋章吾・嶌末憲子）

2014年9月30日現在

　筆者らが、1998年度以降、発表してきた生活場面面接に関する研究成果を示す。なお、M-GTAを用いた研究は、2001年度より開始した。

科学研究費	研究成果
	1998年4月、小嶋章吾・鈴木恭子、在宅福祉サービス組織における生活場面面接(Life Space Interview)に関する考察、社会福祉士、5、134-141頁。
	1998年10月、小嶋章吾、生活場面面接の構造・範囲・意義、ソーシャルワーク研究、24(3)、4-10頁。
	2000年3月、嶌末憲子、社会福祉実践におけるケアワークの展開に関する一考察～高齢者分野のホームヘルプ実践における統合的援助を中心とした検討～（修士論文）、日本社会事業大学大学院。
	2000年10月、小嶋章吾・嶌末憲子、ケアワークにおける生活場面面接に関する一考察～介護保険下のホームヘルプにおける『ケアワーク面接』、介護福祉学、7(1)、24-35頁。
2001-2003年度 社会福祉実践における生活場面面接の理論と方法の体系化に関する研究～高齢者分野におけるソーシャルワーク及びケアワークの事例分析にもとづく検証を中心に～（研究代表者 小嶋章吾）	2001年3月、嶌末憲子、在宅、相澤譲治編、ソーシャルワークを学ぶ、学文社、134-138頁。
	2001年4月、嶌末憲子・小嶋章吾、第7章 相談援助とケア計画の方法、ホームヘルパー養成研修テキスト作成委員会編、家事援助・相談援助・関連領域（ホームヘルパー養成研修テキスト②級課程[第3巻]2001年改訂版（2005年4月まで毎年度版）、99-123頁。
	2003年3月、柴田範子（研究代表）、訪問介護員現任研修等のあり方に関する研究会 業務実態分析ワーキンググループ調査研究報告書～モデル的訪問介護員の業務実態をもとにした質的研究～（平成14年度老人保健事業推進費補助金）
	2003年3月、小嶋章吾・嶌末憲子、社会福祉実践における生活場面面接の理論と技法の体系化に関する研究～修正版グラウンデッド・セオリー・アプローチを用いた高齢者分野における事例分析をもとに（平成13年度大正大学 学術研究助成）、大正大学研究紀要、88、275-277頁。
	2003年4月、小嶋章吾、生活場面面接、澤伊佐夫・小嶋章吾・高橋幸三郎・保住友子編、社会福祉援助技術演習ワークブック～社会福祉による実践と教育をつなぐ試み～、相川書房、125-131頁。
	2003年7月、Noriko Shimasue & Shogo Kojima, Life Space Interview for the Aged (Study 1): An Illustration of Home Help under Care Management System, 17th Asia-Pacific Social Work Conference (APSWC), Book of Abstracts, p.88.

2004-2006年度 社会福祉実践における生活場面面接の理論と方法の体系化に関する研究〜実践的技法と教育訓練プログラムの開発〜（研究代表者 小嶋章吾） 2004-2006年度 対応困難な要介護高齢者へのソーシャルワーカーとホームヘルパーの協働に関する研究（研究代表者 嶌末憲子）	2003年7月、Shogo Kojima & Noriko Shimasue, Life Space Interview for the Aged (Study 2): An Illustration of Social Work in Care Support Centers, 17th Asia-Pacific Social Work Conference (APSWC), Book of Abstracts, p.88-89.
	2003年12月、小嶋章吾、第7章 専門援助技術をめぐるあらたな動向、日本社会福祉士養成校協会監修、社会福祉士のための基礎知識Ⅰ、中央法規出版、277-288頁。
	2004年3月、小嶋章吾・嶌末憲子、第3章 コミュニケーションの基礎を学ぼう、山井理恵編、社会福祉援助技術Ⅱ（介護福祉士実践ブック）、共栄出版、24-59頁。
	2004年4月、小嶋章吾・嶌末憲子、利用者のエンパワメントを生み出すホームヘルプの相談援助〜生活場面面接の活用に向けて〜、ヘルパーネットワーク、51、全国社会福祉協議会・全国ホームヘルパー協議会、2-7頁。
	2004年6月、小嶋章吾・嶌末憲子、社会福祉実践における生活場面面接の理論と方法の体系化に関する研究〜高齢者分野におけるソーシャルワーク及びケアワークの事例分析にもとづく検証を中心に〜（2001-2003年度科学研究費補助金基盤研究（C）(2) 研究成果報告書）、大正大学。
	2004年7月、小嶋章吾・嶌末憲子、ケアワーカーによるコミュニケーションの重要性〜意図的な『言葉かけ』と生活場面面接の活用〜、ふれあいケア、10(7)、中央法規出版、19-21頁。
	2004年9月、小嶋章吾、生活場面面接の意義と技法、社会福祉援助の共通基盤（上）、中央法規出版、274-280頁。
	2005年10月、嶌末憲子・小嶋章吾、高齢者ホームヘルプ実践における生活場面面接の研究〜M-GTA（修正版グラウンデッド・セオリー・アプローチ）を用いた利用者の「持てる力を高める」プロセスの検討〜、介護福祉学、12(1)、105-117頁。
	2005年10月、小嶋章吾・嶌末憲子、第2章 居宅高齢者の生活支援〜生活場面面接のプロセスと技法の明確化のために〜、木下康仁編、分野別実践編 修正版グラウンデッド・セオリー・アプローチ、弘文堂、61-90頁。
	2005年10月、副田あけみ・小嶋章吾編、ソーシャルワーク記録、誠信書房
	2005年11月、嶌末憲子・小嶋章吾、連載 利用者の自立生活支援のために① 生活場面面接の考え方とプロセスを意識したホームヘルプ実践、ヘルパーネットワーク、55、全国社会福祉協議会・全国ホームヘルパー協議会、11-14頁。
	2006年2月、嶌末憲子・小嶋章吾、連載 利用者の自立生活支援のために②『利用者のエンパワメントを図る生活場面面接』の演習〜介護予防訪問介護や介護職員基礎研修に求められる〜、ヘルパーネットワーク、56、全国社会福祉協議会・全国ホームヘルパー協議会、7-16頁。
	2006年3月、小嶋章吾、地域福祉権利擁護事業における生活場面面接〜利用者のエンパワメントを引き出す援助のあり方を考える〜、富山県社会福祉協議会・富山県地域福祉権利擁護センター編、生活支援員だより よりそい、1頁。

資料　M-GTA による研究結果の応用例

	2007-2010年度、嶌末憲子・小嶋章吾、介護と社会福祉援助技術、介護職員基礎研修テキスト作成委員会編、介護職員基礎研修テキスト、第8巻、長寿社会開発センター、42-81頁。
	2007年1月、嶌末憲子・小嶋章吾、連載 利用者の自立生活支援のために③　ホームヘルプ実践における生活場面面接の実際と課題～介護予防や困難事例への活用を期待して～、ヘルパーネットワーク、57、全国社会福祉協議会・全国ホームヘルパー協議会、6-11頁。
	2007年3月、嶌末憲子・小嶋章吾、対応困難な要介護高齢者へのソーシャルワーカーとホームヘルパーの協働に関する研究～ケアマネジメントシステムにおける利用者の生活変化と援助プロセスを中心とした検討～（2004～2006年度科学研究費補助金基盤研究（C)(2)研究成果報告書）、埼玉県立大学。
	2008年1月、小嶋章吾、近況報告・私の研究 生活場面面接研究のプロセスと技法の体系化をめざして、M-GTA研究会News Letter、25
	2008年3月、小嶋章吾・嶌末憲子、社会福祉実践における生活場面面接の理論と方法の体系化に関する研究～実践的技法と教育訓練プログラムの開発～（2004-2006年度科学研究費補助金基盤研究（C）研究成果報告書）、国際医療福祉大学。
	2008年12月、嶌末憲子、第7章 実習・演習 第2節 授業科目「相談援助演習」の教育計画 8-5「相談援助演習Ⅴ」各回の授業江企画（4年次前期または後期）及び9-2「相談援助演習Ⅴ」第9回の指導案、川廷宗之、社会福祉士養成教育方法論、弘文堂、225-227及び228-229頁。
	2009年3月、嶌末憲子、介護の概念や対象、社会福祉士養成講座編集委員会編、高齢者に対する支援と介護保険制度（新・社会福祉士養成講座13）、264-292頁。
	2009年12月、嶌末憲子、的確な観察・記録とチームケアへの展開（介護福祉士のためのキャリアアップ講座第32回）、全国社会福祉協議会、ふれあいケア、15(12)、66-69頁。
2011-2014年度 多職種協働に有用な高齢者福祉実践の向上を促進する「生活支援記録」の開発と検証（研究代表者 嶌末憲子）	2011, Shogo Kojima & Noriko Shimasue, Study on the Training Program for "Life Space Interview" (1): Outcomes from the Training Program to Multidisciplinary Professionals, Proceedings of 21th Asia-Pacific Social Work Conference, pp. 644-653.
	2011, Noriko Shimasue, Shogo Kojima, Study on the Training Program for "Life Space Interview" (2): The Trial to Care Management with care Experiences, Proceedings of 21th Asia-Pacific Social Work Conference, pp. 654-662.
	2012年、Noriko Shimasue & Shogo Kojima, A Study on Life Model Approach in ICF & IPW #1 -Roles of Care Worker that Focusing on User-oriented Life Support-, All TOGETHER BETTER HEALTH Ⅵ (The 6th International Conference for Interprofessional Education and Collaborative Practice), Programme & Abstract Book, p. 440.

	2012年、Shogo Kojima & Noriko Shimasue, A Study on Life Model Approach in ICF & IPW #2 – Effectiveness of the Life Situation Interview (LSI) used by Care Workers and Other Professionals-, All TOGETHER BETTER HEALTH Ⅵ (The 6th International Conference for Interprofessional Education and Collaborative Practice), Programme & Abstract Book, 2012, p.432.
	2012年4月、嶌末憲子・小嶋章吾、M-GTAを用いた生活場面面接研究の結果と応用例、M-GTA研究会 News Letter、60
	2013年1月、嶌末憲子・小嶋章吾、5 介護におけるコミュニケーション技術 第1節 介護におけるコミュニケーションの技法、介護職員関係養成研修テキスト作成委員会編、人間と社会・介護2（介護職員初任者研修テキスト）、長寿社会開発センター、5-20頁。
	2013年1月、嶌末憲子、生活支援の理解、生活支援技術（高校福祉科 教員用）、実教出版、5-8/11-29頁。
	2013年4-6月、嶌末憲子・小嶋章吾、生活場面面接を学ぶ第1～3回、日本ホームヘルパー協会、ホームヘルパー、No.443-445.
	2014年1月、嶌末憲子・小嶋章吾、第1章 介護におけるコミュニケーション技術 第1節 利用者とのコミュニケーション 第2節 家族とのコミュニケーション 第3節3 介護職による相談援助、介護職員関係養成研修テキスト作成委員会編、コミュニケーション技術（介護職員関係養成実務者研修テキスト 第3巻）、長寿社会開発センター、7-34、66-85頁。
	2014年4月、小嶋章吾・嶌末憲子、第6部 介護におけるコミュニケーション技術（但し、第1章第3節を除く）、日本労働者協同組合（ワーカーズコープ連合会・日本高齢者生活協同組合連合会編、介護・福祉の制度とコミュニケーション（介護職員初任者研修テキスト 第2巻）、日本労働者協同組合（ワーカーズコープ連合会、157-190、213-240頁。
	2014年9月、嶌末憲子、1-7 ICFと介護過程、1-9 コミュニケーション技術、国際厚生事業団、介護導入研修テキスト（第5版）
	2014年4月、小嶋章吾、論壇「介護福祉学」の構築に向けて―ケアワークにおけるソーシャルワークの不可欠性―、介護福祉学、21(1)、70-76頁。
	2014年10月、嶌末憲子、論壇「介護福祉学」の構築に向けて―地域包括ケアシステムを契機とした体系的研究の意義―、介護福祉学、21(2)、130-136頁。
	2014年4月（刊行予定）、小嶋章吾、生活場面面接における観察と記録の方法、ソーシャルワーク研究、41（1）、相川書房。

あとがき

M-GTAによる理論の応用性

　本書を刊行する機会を得て、M-GTAによって生成した「生活場面面接体系化のためのプロセス理論」が、社会福祉の実践、教育、研究において応用されうること、さらに社会福祉政策への反映の可能性について示すことができた。

　教育面では、各種の社会福祉専門職の現任者研修テーマとして採用された。

　研究面では、筆者ら自身によるその後の修正とともに、2人の研究者により、「生活場面面接プロセス概念」が調査研究に応用され、筆者らが研究や研修で用いた「生活場面面接ワークシート」が、実践者による実践研究に活用された。

　実践面では、実践現場での職員研修や事例検討を通じて「生活場面面接体系化のためのプロセス理論」の理解が深められ、実践面での活用や定着が図られている。

M-GTAにおけるスーパービジョン

　筆者の一人は、M-GTA研究会において、また、個別に何人かの博士論文執筆に向けてのスーパーバイザーを担当してきたが、本書をまとめるにあたって、あらためて痛感したことがある。それは、M-GTAという研究方法を習得し、一定の研究結果を生み出すに至るうえで、スーパービジョンが不可欠であったことである。M-GTAにおけるデータ分析の最も重要な特徴は、「研究する人間」が意味の解釈にあたっておこなう思考の言

語化にある。この思考の言語化を効果的に行う方法として「機能としてのスーパーバイザー」が提案されている。具体的には、「その研究に関心を持つ、もう1人の人間を分析者に対する問いかけ役とすることにより、1つひとつの判断を言語化」[1]することである。ここに、M-GTAに特有のスーパービジョンのあり方が示されている。

筆者らにとって、M-GTAによる「生活場面面接体系化のためのプロセス理論」の生成に至るうえで、M-GTA研究会における幾度かのグループスーパービジョンと個別のスーパービジョンは不可欠であった。これらのスーパービジョンの機会を通じて、現象特性にフィットする概念を生成することができた時の、「研究する人間」としての実感は大きかった。

今日、多様な学問領域でM-GTAが普及しているが、公表されている査読付きの論文であっても、M-GTAに対するいくらかの誤解が散見される。M-GTAに限らず、スーパービジョンの重要性は、質的研究においては研究者自身が道具であることに由来するが、M-GTAの習得のためにはスーパービジョンが不可欠であるといっても決して過言ではないであろう。

今後の課題

いわゆる「2025年問題」を目前にひかえ、政策的にも実践的にも地域包括ケアシステムの構築が焦眉の課題となっている今日、統合的な援助を実践できるホームヘルパーこそ、地域包括ケアの担い手としての役割が期待されるが、政策上もまた他職種からも十分な理解が得られているわけではない。ホームヘルプを「生活場面面接の典型例」(資料6の図4)として可視化することを試みてきたが、熟練したヘルパーが生活場面面接を活

用した統合的援助の専門職として認識され、正当な評価を得られることが望まれる。さらに、ヘルパーを含むケアワーカーのみならず、高齢者虐待への対応やコミュニティソーシャルワークの重要性が認識されてきた今日、ケアマネジャーやソーシャルワーカーによる実践においても、生活場面面接が活用されるよう、研究結果の応用が期待される。

　M-GTAは、もともとその研究成果が実践に応用されることを意図した研究方法である。本書が、M-GTAを用いた研究例及び研究成果の応用の可能性を示すモデルとなるならば筆者らにとって望外の喜びである。

　本書はあくまでも、M-GTAによる研究成果の応用例を紹介するものであり、筆者らの生活場面面接研究の全体像を提示しているわけではない。今後、生活場面面接をソーシャルワークやケアワークにおいて定着・普及させ、援助困難事例への対応においても貢献できるようにしていくためには、量的研究法を用いたチェックリストの開発なども不可欠であると考えている。現在、生活場面面接や生活支援記録に関する研修実施による介入研究の進行中であるが、これまで科学研究費補助金を受けて取り組んできた生活場面面接研究と生活支援記録法研究とを統合した研究成果を、遠くない将来にとりまとめることが目下の課題である。

　また、長期的展望として、第4章3の2）で述べたように、M-GTAによる研究成果はグローバルに理解される可能性を秘めている。今後の課題として、生活場面面接の教材や研修を海外展開していくことも視野に入れていきたい。現在進行中の介入研究の成果とともに、世界のケアワークやケアワーカーの社会的評価の向上に寄与すべく志を高めているところである。

謝辞

まず、M-GTAの主唱者であり、直接のご指導と本書刊行の推挙をいただいた木下康仁先生をはじめ、丁寧な査読によりご指導をいただいた水戸美津子先生、小倉啓子先生、そしてM-GTA研究会で忌憚のない指摘や質問を投げかけていただいた世話人のみなさま、そして、長時間にわたりインタビュー調査にご協力下さったホームヘルパーの皆さま、応用研究にご協力いただいた皆さまに、心より感謝申し上げます。

故・久保紘章先生には、「ケアワークと生活場面面接との関係は探求するのには重要な領域であろう」[2]との指摘が、終始筆者らの研究に対する励みとなってきたことに感謝申し上げます。

また、本書に収録する資料として提供いただいた、石田好子様、佐藤遼様、また、掲載を快諾いただいた入江幸子様、宮崎則男様、筆者らの研究発表にあたり協力いただいた横塚満里様に、この場を借りて御礼申し上げます。

さらに、筆者らの生活場面面接研究にあたって量的分析の指導をいただいている古谷野亘先生、小嶋に対してソーシャルワークの立場から指導をいただいてきた副田あけみ先生、嶌末に対して修士論文指導を通して生活支援の重要性をご教示いただいた大橋謙策先生、生活場面面接研究を深めるにあたり学識経験者として助言を仰いだ佐藤豊道先生、白澤政和先生、根本博司先生、水島恵一先生、本研究を展開するうえで貴重な機会を紹介いただいた島津淳先生や柴田範子先生、生活場面面接を分かりやすく提示することにご進言下さった編集者である城戸ユリ子様、機関誌に連載記事として取り上げていただいた全国

社会福祉協議会・全国ホームヘルパー協議会及び日本ホームヘルパー協会、生活場面面接の研修を積極的に受け入れていただいた新潟県介護福祉士会（ファーストステップ研修）、特別養護老人ホームこうめの里、福祉クラブ生協オプティ港北、その他、東京都民生委員児童委員連合会をはじめ、筆者らによる生活場面面接に関する研修の実施や受講等にご協力いただいたみなさまにも感謝申し上げます。

　最後に、本書の刊行の機会をいただいたハーベスト社の小林達也様にもこの場を借りて御礼申し上げます。

　本書は、M-GTA研究会から出版費用の一部について助成を受けました。公刊の機会を与えていただき、心より感謝申し上げます。

1) 木下康仁、ライブ講義M-GTA修正版グラウンデッド・セオリー・アプローチのすべて』弘文堂、2007年、35-42頁。
2) 久保紘章、構造化されていない面接―生活場面面接の観点から―、ソーシャルワーク研究、16(4)、1991年、21頁。

索　引

I
ICF ··· 91, 92
K
KJ法 ·· 79
L
Life Situation Interview ·· 108
Life Space Interview ·· 34

い
インタラクティブ性 ·· 95

お
応用が検証になる／応用されることが検証にもなる ············· 31, 112
応用者 ·· 82, 95
応用のための最適化 ·· 95
オープン・コーディング ·· 80

か
カテゴリー
　　意思・価値観の尊重 ··················· 41, 50, 59, 61, 62, **63**, 66, 93
　　援助展開の促進 ··················· 41, 46, 55, 63, 65, 71, **72**, 78, 92
　　肯定的感情の醸成 ············ **38**, 41, **42**, 44, 45, 46, 50, 63, 65, 78
　　（旧）行動への働きかけ ········ 38, **39**, 41, 46, 50, **51**, 58, 59, 63, 65, 71, 78, 91
　　行動（活動・参加）への働きかけ ························· **92**
　　生活や人生に対する意欲への働きかけ ············ 41, 50, 59, 61, 62, 63, 65, 92
　　生活環境・関係性の構築 ············· 41, 46, 50, 53, 59, 65, **66**, 71, 78, 92
　　知覚（感覚・記憶）の活性化 ··················· 36, 41, **47**, 50, 58, 63, 65
　　（旧）持てる力を高める ··············· 10, 34, 39, 41, 46, 50, 63, **78**, 79, 83, 92
　　持てる力を高める連鎖 ·· **92**

カテゴリー生成／カテゴリーを生成……………………………………34, **38**, 39
概念
　（旧）安定に導く苦悩への寄り添い ……………… 35, **37**, 38, 42, 46, 65, 78, 91
　安定に導く寄り添い………………………………………………………………**91**
　安定や元気を呼ぶ記憶回復の演出……………………………………**48**, 50, 66
　意欲の喚起・拡大……………………………………………… 50, **63**, 65, 74
　意味・方向性の探索………………………………………………………………**74**
　折り合いをつけながら進める……………………………………………**75**, 78
　関わりながらの促し・習慣化……………………………………………………**91**
　関係変化への気づきと活用………………………… 46, 53, 59, **68**, 71, 78
　（旧）かなえがたい生活目標行為への誘い………………………46, 53, 55, **72**, 91
　かなえがたい生活目標への誘い…………………………………………………**91**
　家族・生活環境をやんわりと整える……………………………………**66**, 71, 78
　喜楽の醸成と瞬間呼応………………………………35, **36**, 37, 38, **44**, 46, 50
　（旧）喜楽への瞬間呼応 ……………………………………………………**36**
　肯定的交互作用の流れづくり…………………………39, 40, 41, 46, 63, **78**, 92
　（旧）自然な経験的予防対応…………………………………………**76**, 78, 91
　自然で受け入れ可能な予防対応…………………………………………………**91**
　生活と人生をつなぐ…………………………………………………… **64**, 65
　世界を拡げる自己表現の促し…………………… 39, 46, **51**, 58, 66, 71, 75, 78
　その気にさせる体験づくり………………………………… 39, **54**, 56, 59, 69, 79
　その人らしさの発揮………………………………………………**59**, 62, 65
　大切な実感の覚醒・強化…………………………………………………………**91**
　日常生活素材の活用……………………………………………50, 53, **69**, 75, 78
　望ましい志向への転換…………………………………………………… **61**, 65
　（旧）秘められていた実感の覚醒 ……………………………………**47**, 50, 91
　（旧）見守りながらの促し・習慣化 …………39, 46, 50, 55, 56, **57**, 59, 79, 91
　道筋をつけてつなげる……………………………………………………**67**, 72
　（旧）喜びの瞬間呼応 ……………………………………………………………35
概念生成／概念の生成／概念を生成……………………………………34, **35**, 79

き
機能としてのスーパーバイザー……………………………………………………… 168

く

グラウンデッド・セオリー……………………………………………………31

け

結果図　………………………………33, 34, **40**, 80, 81, 82, 83, 88, **93**, **94**, 95
継続的比較分析………………………………………………………………36
研究する人間……………………………………………………82, 167, 168
研究テーマ…………………………………………………………………33
現象特性　……………………………………………………………… 168

こ

コアカテゴリー／コアとなるカテゴリー………………… 34, 39, 41, **78**, 90, 92

し

思考の言語化……………………………………………………… 167, 168
社会的相互作用………………………………………………………………32
事例研究　………………………………………………8, 9, **15**, 20, 25, 26, 27
事例研究法……………………………………………………………27, 82, 83
実践の科学化／実践を科学化………………………………………………10
実践の理論化／実践を理論化……………………………………… 31, 32

す

ストーリーライン……………………………………………34, 40, **41**, 79, 90
スーパービジョン…………………………………………………35, **167**, 168

せ

生活場面面接体系化のためのプロセス理論
　　　………9, **10**, 87, 88, 89, 90, 95, 103, 104, 105, 106, 107, 108, 109, 112, 167, 168
生活場面面接の定義……………………………………………**42**, 111, 112
生活場面面接ワークシート………………………87, 88, 89, 90, 91, 92, 95, 105, 167
生活支援記録法………………………………………………………88, 106, 169
生活場面面接プロセス概念……………………………………… **10**, 42, 87, 90, 167

175

生活場面面接プロセス概念一覧·· 91, **97**
説明力 ···31, 32, 89

た
対極例 ·· 33, 37, 43, 80

て
データ提供者··8, 89, 90, 95

は
バリエーション···························· 35, 36, 37, 39, 61, 62, 68, 69, 80, 83, 90, 91

ふ
分析テーマ·· **33**, 35, 82, 83
分析焦点者·· 33, **34**, 79, 80, 81, 95, 112
分析ワークシート··35

よ
予測力 ···31

り
理論的サンプリング··· 8, 80, 81
理論生成時··89, 91, 92
理論的飽和化·······································33, 34, 80, 81, 84
理論的メモ··39

著者紹介

小嶋章吾（こじま しょうご）
　　　　国際医療福祉大学医療福祉学部教授
略歴　東京都立大学大学院社会科学研究科博士課程単位取得満期退学。医療ソーシャルワーカーを経て現職。
主著　『コミュニケーション技術』（介護職員関係養成研修テキスト作成委員会編）、長寿社会開発センター、2014年。
　　　『医療ソーシャルワーカーの力』（村上須賀子・竹内一夫編著）、医学書院、2012年
　　　『社会福祉援助の共通基盤（上）』（第2版）（日本社会福祉士会編）、中央法規出版、2009年。
　　　『ソーシャルワーク記録』（副田あけみ・小嶋章吾編著）、誠信書房、2006年。
　　　『医療ソーシャルワーカー新時代』（京極高宣・村上須賀子編著）、勁草書房、2005年。
　　　『社会福祉援助技術演習ワークブック』（澤 伊三夫・小嶋章吾・高橋幸三郎・保正友子編著）、相川書房、2003年。
　　　『ソーシャルワーク実践の基礎理論』（北島英治・副田あけみ・高橋重宏・渡部律子編）、有斐閣、2002年。

嶌末憲子（しますえ のりこ）
　　　　埼玉県立大学保健医療福祉学部准教授
略歴　日本社会事業大学大学院社会福祉学研究科博士前期課程修了。大学病院（看護師）、訪問介護事業所（非常勤ホームヘルパー）、医療福祉系専門学校の教員等を経て現職。
主著　『高齢期の生活と福祉』（山田知子編）、放送大学教育振興会、2015年。
　　　『介護導入テキスト Care Introductory Training』、国際厚生事業団、2014年。
　　　『技術と実践』（2014年度版 介護職員初任者研修テキスト 第4分冊）、介護労働安定センター、2014年。
　　　『介護・福祉の制度とコミュニケーション』（介護職員初任者研修テキスト 第2巻）、日本労働者協同組合（ワーカーズコープ）連合会、2014年。
　　　『生活支援技術』（文部科学省検定済教科書 高等学校福祉科用）（田中由紀子・川井太加子監修）、実教出版、2013年。
　　　『介護福祉総論』（新大学社会福祉・介護福祉講座、改定版）（井上千津子、上之園佳子、田中由紀子、尾台安子編著）、第一法規出版、2012年。
　　　『IPWを学ぶ』（埼玉県立大学編）、中央法規出版、2009年。

日本ソーシャルケア研究所　http://www.socialcarejapan.net

M-GTA モノグラフ・シリーズ—1
M‐GTAによる生活場面面接研究の応用
〜実践・研究・教育をつなぐ理論〜

発　行 ——2015年3月23日　第1刷発行
　　　　——定価はカバーに表示
著　者 ——小嶋章吾・嶌末憲子
発行者 ——小林達也
発行所 ——ハーベスト社
　　　　〒188-0013 東京都西東京市向台町2-11-5
　　　　電話　042-467-6441
　　　　振替　00170-6-68127
　　　　http://www.harvest-sha.co.jp
印刷・製本　（株）平河工業社
落丁・乱丁本はお取りかえいたします。
Printed in Japan
ISBN4-938551-063-8 C1036
© KOJIMA Shogo / SHIMASUE Noriko, 2015

本書の内容を無断で複写・複製・転訳載することは、著作者および出版者の権利を侵害することがございます。その場合には、あらかじめ小社に許諾を求めてください。
視覚障害などで活字のまま本書を活用できない人のために、非営利の場合にのみ「録音図書」「点字図書」「拡大複写」などの製作を認めます。その場合には、小社までご連絡ください。

消費社会の変容と健康志向　脱物質主義と曖昧さ耐性
藤岡真之　著　A5判●本体 5400 円

「進学」の比較社会学
三つのタイ農村における「地域文化」との係わりで
尾中文哉　著　A5判●本体 3500 円

路の上の仲間たち　野宿者支援・運動の社会誌
山北輝裕　著　A5判●本体 2300 円　　質的社会研究シリーズ7

若者はなぜヤクザになったのか　暴力団加入要因の研究
廣末登　著　A5判●本体 2800 円

環境政策と環境運動の社会学
自然保護問題における解決過程および政策課題設定メカニズムの中範囲理論
茅野恒秀　著　A5判●本体 3500 円

移民、宗教、故国　近現代ハワイにおける日系宗教の経験
髙橋典史　著　A5判●本体 3800 円

ヘッドハンターズ　フォモウサ首狩り民のはざまにて
J.B.M. マクガバン著　中村勝訳　A5判●本体 3200 円

アカデミック・ハラスメントの社会学
学生の問題経験と「領域交差」の実践
湯川やよい　著　A5判●本体 4900 円

2014年度社会学史学会奨励賞受賞作品
社会的世界の時間構成
社会学的現象学としての社会システム理論
多田光宏　著　A5判●本体 4800 円

学生文化・生徒文化の社会学
武内清　著　A5判●本体 2400 円

「知のアート」シリーズ好評発売中
ソーシャル・メディアでつながる大学教育
ネットワーク時代の授業支援
橋爪大三郎・籠谷和弘・小林盾・秋吉美都・金井雅之・七條達弘・
友知政樹・藤山英樹　著　A5判●本体 1000 円

フィールドワークと映像実践　研究のためのビデオ撮影入門
南出和余・秋谷直矩著　A5判●本体 1000 円

ハーベスト社